Brigitte Chevalier
Maître de conférences à Paris VIII

Bien lire 6^e

TEXTES ET EXERCICES D'ENTRAÎNEMENT PROGRESSIF

NATHAN

Édition : Christine Grall
Illustrations :
Jean-François Dumont (pp. 8, 10, 21 à 28, 43 à 63, 70 à 82, 111, 148, 151)
Paul Woolfenden (pp. 13 à 19, 31 à 40, 91, 98 à 106, 113).
Maquette intérieure : Twice
Mise en pages : Martine de Cagny
Couverture : Tout pour plaire

Introduction

En 6e, l'élève est confronté à des lectures plus nombreuses et plus variées qu'à l'école élémentaire. Il doit donc apprendre à diversifier ses stratégies de lecture selon la nature des écrits et selon les situations. Étude d'un texte, apprentissage d'un cours, prise de connaissance d'un énoncé, exploitation d'une documentation, élaboration d'une production personnelle..., toutes ces activités passent par la lecture.

Bien lire au collège a pour but d'aider les élèves à devenir des **lecteurs efficaces sachant exploiter ce qu'ils lisent**.

Un **bilan de départ** et un **bilan d'arrivée**, qui comportent deux épreuves mettant en jeu des aptitudes différentes, permettent au lecteur de s'auto-évaluer et de mesurer les progrès accomplis.

Huit chapitres, centrés sur des objectifs prioritaires, conduisent les élèves à :
- lire avec précision,
- lire en exploitant au maximum leur champ de vision,
- lire et.. retenir,
- lire de manière active et participer à la construction du sens,
- lire plus vite pour mieux comprendre,
- s'orienter dans les écrits,
- lire pour chercher,
- exploiter les écrits.

Chaque chapitre débute par une brève **introduction explicitant les objectifs**. Il est essentiel que l'élève connaisse le pourquoi des tâches qu'il entreprend. Les activités finalisées accroissent l'implication donc la réussite des apprenants. Dans la même optique, les exercices portent un titre qui rappelle les objectifs.

Les « **règles du jeu** » mentionnées au début des chapitres sont aussi un élément essentiel pour que les élèves adoptent des stratégies efficientes.

Les **exercices d'entraînement** sont **classés par ordre croissant de difficulté**. Ils sont accompagnés d'un barème de correction facile à appliquer. Ce procédé implique personnellement l'élève dans la construction de son apprentissage et le stimule.

Le **tableau récapitulatif des résultats** se propose de visualiser la progression. Il importe que les élèves soient toujours au clair sur ce qu'ils effectuent mais aussi sur les résultats de leur travail. À partir des résultats obtenus au test de départ, l'enseignant pourra fixer un certain nombre de paliers à atteindre et aider les élèves à se situer régulièrement. Par une sorte de contrat, il définira avec eux les **étapes intermédiaires** qui les conduiront à l'objectif final. Cette façon de procéder est motivante. Parvenir à un but, même de portée limitée, sécurise et redonne confiance, levant ainsi les éventuels blocages.

Le **livre du professeur** expose les options pédagogiques, suggère des pistes d'exploitation et des activités pour aller plus loin. Il fournit également des **conseils individualisés** tenant compte de la personnalité du lecteur. En effet, les neurosciences permettent désormais de comprendre comment chacun, en fonction de son profil cérébral dominant, appréhende sa lecture. Cet éclairage est précieux pour apporter une aide adaptée

Sommaire

CHAPITRE 6

CHAPITRE 7

CHAPITRE 8

BILAN

BILAN de DÉPART

Pour mieux évaluer les progrès que vous allez réaliser grâce à l'entraînement, commencez par faire un bilan de départ pour savoir où vous en êtes. Ce bilan comporte deux tests.

Test 1

Lisez le texte à votre rythme habituel.
Répondez aux questions sans revenir au texte.

Notez l'heure exacte au début et à la fin de la lecture du texte ou suivez les indications données par le professeur.

UNE VALISE ENCOMBRANTE

Annie, Jérôme et Nicolas partent en vacances. Malheureusement, cet étourdi de Jérôme a perdu son billet de chemin de fer. Les enfants décident d'enlever les vêtements d'une valise pour qu'Annie, la plus petite, puisse s'y cacher. Le voyage se déroule tant bien que mal. Les voyageurs qui se trouvaient dans leur compartiment, un homme au comportement étrange et une femme accompagnée de ses quatre enfants, n'ont apparemment rien deviné.

Qu'arrive-t-il à Jérôme ? Il avait enfilé son blouson, il le retire brusquement.

– Je sens quelque chose.

– Quoi ?

– Là, sous la doublure.

Il y a un trou au fond de la poche. Jérôme enfile un doigt, deux doigts, etc. Le billet est là ! Il avait glissé à l'intérieur de sa doublure. Le voilà ! S'ils s'en étaient aperçus plus tôt, combien d'ennuis évités !

– On peut délivrer Annie, murmure Jérôme.

– Non, non, répond tout bas Nicolas en regardant l'homme qui enfile son manteau. On ne sait jamais. Le billet n'est pas composté. Tu n'es pas en règle.

C'est égal, Jérôme se sent mieux. Il ne reste plus qu'à descendre et le cauchemar sera terminé. Seulement, attraper la valise ne va pas être facile. L'homme a déjà descendu la sienne.

– Attendez, les enfants, je vais vous aider, dit-il.

– Non, non.

– Mais si, mais si.

– C'est lourd. Et fragile sans doute. Attention, pas de secousse. Il a dit cela en adressant un coup d'œil aux garçons.

– Merci, marmonne Nicolas.

Le train ralentit. La mère gesticule. Quel mal elle se donne pour vêtir les uns et les autres !

L'homme sort dans le couloir. Nicolas et Jérôme suivent, engoncés dans les habits enlevés de la valise, maladroits, s'efforçant de ne pas secouer la valise.

Le train s'arrête. L'homme est le premier sur le quai. Il se retourne et voit Nicolas en haut des marches, déséquilibré, malhabile.

– Vous n'y arriverez pas. Laissez-moi faire.

En moins de deux, il a déposé la valise à côté de la sienne.

– Merci, disent Nicolas et Jérôme.

nombre de mots : 336 À ce moment, des exclamations s'échappent du couloir.

343 C'est la mère et ses quatre diables.

354 – S'il vous plaît ! S'il vous plaît ! Si vous pouviez m'aider à des-
357 cendre les petits ?

369 Jérôme et Nicolas tendent les bras et, un à un, les quatre bam-
373 bins arrivent au sol.

387 – Ah ! merci, merci, dit la mère qui met à son tour pied à terre
391 et récupère son quatuor.

401 – De rien, madame, répond Nicolas en se retournant. Et c'est
409 alors qu'il pousse un cri. Un cri désespéré :

411 – La valise !!

424 Il regarde à droite, à gauche, se heurte dans Jérôme qui en fait
425 autant.

429 – La valise ! Notre valise !

436 La valise a disparu et l'homme aussi.

P. Louki, *Annie dans la valise,* © éd. Bordas, « Aux quatre coins du temps ».

Choisissez et notez la réponse exacte : a, b, ou c.

1 Où Jérôme retrouve-t-il le billet ?

a. dans la poche d'un pantalon ;
b. dans la poche de son sac à dos ;
c. à l'intérieur de la doublure de son blouson.

2 Quelle est la première idée de Jérôme à la découverte du billet ?

a. ils vont pouvoir dire la vérité ;
b. ils vont pouvoir délivrer Annie ;
c. ils vont pouvoir sortir du compartiment.

3 Pourquoi Nicolas affirme-t-il que ce n'est pas prudent ?

a. parce que le billet n'est pas composté ;
b. parce que le contrôleur les a remarqués ;
c. parce que les autres personnes vont les dénoncer.

4 Que dit l'homme lorque le moment est venu de descendre la valise ?

a. « Débrouillez-vous tout seuls » ;
b. « J'ai bien vu votre manège » ;
c. « Je vais vous aider ».

5 Pourquoi la valise est-elle lourde ?

a. parce qu'elle contient tout le matériel de camping ;
b. parce que Annie est dans la valise ;
c. parce que la valise contient des livres.

6 Pourquoi Nicolas et Jérôme sont-ils engoncés dans leurs vêtements ?

a. parce qu'ils ont mis des vêtements qui étaient dans la valise ;
b. parce qu'il fait très froid ;
c. parce que leurs vêtements sont trop petits.

7 Qui dépose la valise sur le quai ?

a. Jérôme ;
b. Nicolas ;
c. l'homme.

8 Que demande la dame ?

a. de l'aider à porter ses valises ;
b. de l'aider à descendre ses enfants ;
c. de la laisser passer.

9 Pourquoi Jérôme pousse-t-il un cri ?

a. parce qu'il s'est pincé le doigt dans la portière du wagon ;
b. parce qu'il a oublié quelque chose dans le train ;
c. parce que la valise a disparu.

10 Quel autre titre pourrait convenir pour ce texte ?

a. « Des vacances merveilleuses » ;
b. « Des enfants turbulents » ;
c. « Une étrange disparition ».

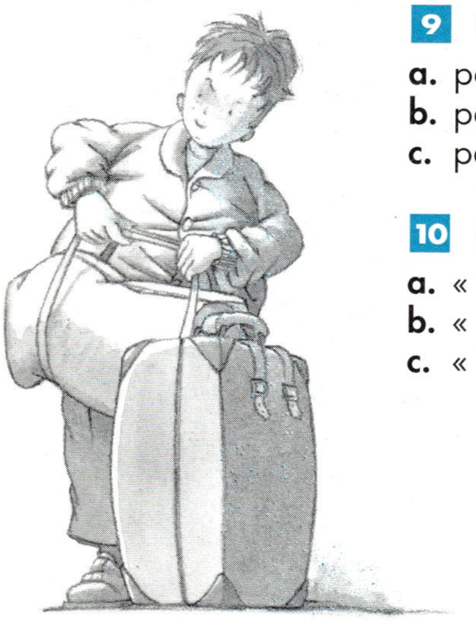

Ce test permet de mesurer la vitesse de lecture, *la* compréhension *et l'*efficacité. *Pour calculer les scores, se reporter page 152.*

Test 2

Parcourez le texte afin de repérer et de noter les informations suivantes :

1 le nom des expéditions et des rallyes ;

2 les deux particularités des régions lointaines où furent organisées les premières expéditions ;

3 les différents services nécessaires à la course (exemple : l'assistance technique) ;

4 les différents véhicules utilisés pour chacun des services ;

5 les véhicules ayant fait ou faisant partie des expéditions ou rallyes.

UN RETOUR À L'AVENTURE

Le développement récent des rallyes-raids traduit une volonté de revenir à l'esprit d'aventure qui entourait les courses automobiles du début du siècle. André Citroën fut le premier à organiser des expéditions dans des régions lointaines aux vastes espaces et aux routes d'un autre âge. Deux expéditions imposantes avec des autochenilles eurent un retentissement énorme. De 1931 à 1932, la Croisière jaune relie Beyrouth à Pékin. Les véhicules traversent l'Afghanistan, le Sinkiang, la Mongolie et le désert de Gobi. En 1950, ces expéditions devinrent des courses avec l'organisation du premier Alger-Le Cap.

Le Paris-Dakar attire plusieurs centaines de concurrents. En raison de sa large couverture médiatique, il mobilise un matériel exceptionnel. L'assistance technique nécessite un avion cargo et deux camions. Pour la presse, sont mobilisés : un avion avec liaisons satellites, un hélicoptère pour la presse écrite, deux hélicoptères pour la télévision, 30 véhicules tout-terrain, un avion gros porteur et un avion pour la production d'images. La nourriture, enfin, est acheminée par deux avions gros porteurs. L'organisation dure dix mois et l'épreuve, d'une durée de trois semaines, mobilise 1 700 personnes.

Les organisateurs cherchent parfois des terrains très difficiles. La plupart des courses se déroulent donc dans le désert. L'itinéraire comporte plusieurs étapes dont la majeure partie en pilotage libre, hors des routes. Le vainqueur est celui qui, sur l'ensemble des étapes, a mis le moins de temps. Ces épreuves sont ouvertes aux voitures, aux motos et aux camions. L'engagement est libre, moyennant un droit d'acquittement aux organisateurs pour l'assistance de ceux-ci pendant l'épreuve.

Méga sport, L'Encyclopédie vivante Nathan, © éd. Nathan.

Ce test permet de mesurer la capacité à sélectionner des informations. *Pour calculer les scores, il suffit de compter un point par réponse exacte.*

Préparez un tableau récapitulatif des scores sur le modèle de celui qui vous est proposé page 152. Notez les scores obtenus aux tests et aux exercices : vous verrez vos progrès.

LIRE
avec précision et agilité

Avez-vous remarqué à quel point de nombreux mots se ressemblent ? Certains ne diffèrent que par une seule lettre. Par exemple : pain, bain, main, nain, ou encore : bouche, douche, touche, mouche, etc. Posséder un œil précis, un véritable œil de lynx, représente donc un atout majeur pour distinguer un mot parmi d'autres mots proches et, ainsi, lire avec aisance.

Par ailleurs, plus vous connaissez de mots, plus vous les reconnaissez facilement, du premier coup d'œil.

OBJECTIFS DE CE CHAPITRE :

- ***Acquérir une vision précise pour reconnaître sans hésitation les mots.***
- ***Manier le vocabulaire avec aisance.***

« RÈGLES DU JEU»

Pour tirer parti au mieux de ce chapitre, faites les **deux paris** suivants :
- **Améliorer les scores** : obtenir un plus grand nombre de réponses exactes au fil des exercices.
- **Augmenter la vitesse** : diminuer le temps mis à effectuer les exercices.

Paris tenus ?

1 Retrouver les mots

exercice 1

**Photographiez des yeux le premier mot encadré.
Parcourez ensuite rapidement la grille à la recherche de ce mot.
Notez sa position comme pour une partie de bataille navale.
Continuez de même pour les autres mots encadrés. Chaque mot peut être répété une ou plusieurs fois dans la grille.**
Exemple : **lampe = D 13.**

TOP CHRONO

- lampe
- table
- pont
- porte
- poire
- maison
- cage
- matin
- sac
- ciel
- soir

	A	B	C	D
1	bond	port	foire	sapin
2	sorte	rond	tableau	bac
3	proche	poste	fond	matin
4	boire	noire	forte	mage
5	sable	tortue	porte	pont
6	crayon	lac	raison	loupe
7	mont	table	soir	rage
8	long	morte	poire	sac
9	soir	piste	sage	langue
10	poison	proie	lapin	matin
11	saison	cage	pont	rampe
12	mairie	patin	malin	miel
13	pont	porte	cage	lampe
14	câble	nage	sac	camp
15	maison	page	car	ciel

Calculez votre score en comptant deux points par réponse entièrement exacte (pas d'oubli, pas d'erreur).

exercice 2

Photographiez des yeux le premier mot encadré. Parcourez ensuite rapidement la grille à la recherche de ce mot. Notez sa position. Continuez de même pour les autres mots encadrés.

TOP CHRONO

- chapeau
- rideau
- jour
- main
- roue
- cou
- fleur
- joie
- vague
- retard

	A	B	C	D
1	regard	pleur	tour	fleur
2	cour	roue	rideau	jour
3	bague	chameau	boue	soie
4	nain	vague	vache	chapeau
5	roue	renard	retard	joue
6	sou	bain	pleur	taureau
7	loup	jour	pain	rideau
8	chapeau	fleur	vague	soif
9	foie	moue	cœur	cou
10	four	vaste	cou	bureau
11	tout	ride	soie	noix
12	sœur	pou	retard	main
13	col	joie	vase	oie
14	main	rideau	joie	roue
15	fou	vaste	vache	noix

Calculez votre score en comptant deux points par réponse entièrement exacte.

exercice 3

Photographiez des yeux le premier mot encadré.
Parcourez ensuite la grille à la recherche de ce mot.
Notez sa position. Continuez de même pour les autres mots encadrés.

- merle
- poche
- rien
- port
- verbe
- carte
- lion
- papier
- serrer
- plage

	A	B	C	D
1	place	bien	pliage	verser
2	poche	verbe	papier	merle
3	perle	garage	fort	port
4	plage	roche	rien	sien
5	payer	papier	veste	carte
6	merci	coche	cause	passer
7	verre	plage	main	mien
8	riche	gerbe	pont	pionnier
9	loin	lion	tort	crabe
10	carie	niche	vendre	poche
11	cour	pompier	terrer	terre
12	parier	sort	mort	serre
13	bord	ferrer	panier	tarte
14	manier	plan	carton	port
15	serrer	carré	verbe	long
16	port	rien	lien	pion

Calculez votre score en comptant deux points par réponse entièrement exacte.

2 Trouver les mots de sens voisin

exercice 1

À chaque mot de la colonne de gauche correspond, dans la colonne de droite, un mot de sens voisin, un synonyme. Notez le numéro et la lettre à associer. Attention aux pièges !

TOP CHRONO

1. entrer	**A.** irritable
2. projet	**B.** interroger
3. bagage	**C.** plat
4. susceptible	**D.** suggérer
5. prononcer	**E.** voler
6. semblable	**F.** tacher
7. dérober	**G.** colis
8. proposer	**H.** casser
9. dissimuler	**I.** fâcher
10. questionner	**J.** articuler
	K. plan
	L. cacher
	M. pénétrer
	N. pareil

► *Calculez votre score en comptant deux points par réponse exacte.*

exercice 2

À chaque mot de la colonne de gauche correspond, dans la colonne de droite, un synonyme. Trouvez-le. Notez le numéro et la lettre à associer.

TOP CHRONO

1. briser	**A.** frayeur
2. égaré	**B.** autoriser
3. certain	**C.** tasser
4. frêle	**D.** fragile
5. peur	**E.** murmurer
6. décorer	**F.** mardi
7. audacieux	**G.** orner
8. commencer	**H.** casser
9. chuchoter	**I.** pendu
10. permettre	**J.** débuter
	K. chasser
	L. hardi
	M. sûr
	N. perdu

► *Calculez votre score en comptant deux points par réponse exacte.*

exercice 3

À chaque mot de la colonne de gauche correspond, dans la colonne de droite, un synonyme. Trouvez-le. Notez le numéro et la lettre à associer. Attention aux pièges !

TOP CHRONO

1. interdire
2. force
3. imiter
4. habiter
5. persuader
6. tournant
7. bourrasque
8. petit
9. ennemi
10. capitale

A. loger
B. ridicule
C. mirage
D. descendre
E. métropole
F. rigueur
G. adversaire
H. tourmente
I. défendre
J. mimer
K. minuscule
L. vigueur
M. virage
N. convaincre

Calculez votre score en comptant deux points par réponse exacte.

exercice 4

À chaque mot de la colonne de gauche correspond, dans la colonne de droite, un synonyme. Trouvez-le. Notez le numéro et la lettre à associer.

TOP CHRONO

1. inexact
2. détester
3. paisible
4. arrêter
5. vitesse
6. égarer
7. inquiet
8. utiliser
9. écrire
10. faute

A. stopper
B. clamer
C. pendre
D. taux
E. anxieux
F. richesse
G. employer
H. rédiger
I. faux
J. perdre
K. rapidité
L. erreur
M. calme
N. haïr

Calculez votre score en comptant deux points par réponse exacte.

3 Trouver les mots de sens contraire

exercice 1

À chaque mot de la série 1 correspond, dans la série 2, un mot de sens contraire, un antonyme. Trouvez-le. Notez le numéro et la lettre à associer. Attention aux pièges !

TOP CHRONO

SÉRIE 1

1. vaste – **2.** captif – **3.** détester – **4.** vie – **5.** transparent – **6.** jeune – **7.** accepter – **8.** attaquer – **9.** négatif – **10.** différent.

SÉRIE 2

A. semblable – **B.** positif – **C.** défendre – **D.** descendre – **E.** opaque – **F.** livre – **G.** refuser – **H.** sort – **I.** litre – **J.** mort – **K.** libre – **L.** étroit – **M.** aimer – **N.** vieux.

Calculez votre score en comptant deux points par réponse exacte.

exercice 2

À chaque mot de la série 1 correspond, dans la série 2, un antonyme. Trouvez-le. Notez le numéro et la lettre à associer. Attention aux pièges !

TOP CHRONO

SÉRIE 1

1. léger – **2.** étroit – **3.** mal – **4.** coupable – **5.** aigu – **6.** guerre – **7.** optimiste – **8.** travailler – **9.** commencer – **10.** jamais.

SÉRIE 2

A. acheter – **B.** brave – **C.** jouer – **D.** innocent – **E.** toujours – **F.** sourd – **G.** grave – **H.** rien – **I.** pessimiste – **J.** achever – **K.** bien – **L.** large – **M.** paix – **N.** lourd.

Calculez votre score en comptant deux points par réponse exacte.

exercice 3

À chaque mot de la série 1 correspond, dans la série 2, un antonyme. Trouvez-le. Notez le numéro et la lettre à associer. Attention aux pièges !

TOP CHRONO

SÉRIE 1

1. rien – **2.** exigu – **3.** gagner – **4.** joyeux – **5.** inquiéter – **6.** géant – **7.** ouvrir – **8.** arriver – **9.** réparer – **10.** amélioration.

SÉRIE 2

A. partir – **B.** bout – **C.** former – **D.** rassurer – **E.** main – **F.** vaste – **G.** pendre – **H.** casser – **I.** aggravation – **J.** tout – **K.** fermer – **L.** triste – **M.** perdre – **N.** nain.

Calculez votre score en comptant deux points par réponse exacte.

exercice **4** **À chaque mot de la série 1 correspond, dans la série 2, un antonyme. Trouvez-le. Notez le numéro et la lettre à associer.**

TOP CHRONO

SÉRIE 1

1. dépense – **2.** mou – **3.** acheter – **4.** interdire – **5.** allumer – **6.** naître – **7.** accepter – **8.** ami – **9.** succès – **10.** récompenser.

SÉRIE 2

A. tendre – **B.** main – **C.** punir – **D.** éteindre – **E.** courir – **F.** mur – **G.** échec – **H.** dur – **I.** refuser – **J.** gain – **K.** ennemi – **L.** mourir – **M.** vendre – **N.** autoriser.

► *Calculez votre score en comptant deux points par réponse exacte.*

4 Rassembler les mots autour d'une idée

exercice **1** **Vite, trouvez dans la grille les mots qui se rapportent à la joie. Notez leur numéro.**

TOP CHRONO

1 mai	8 échanger	15 frôler	22 garantir	29 disparition
2 discussion	9 souris	16 haineux	23 fête	30 revenir
3 heure	10 cire	17 drôle	24 enchaîné	31 repentir
4 enchanté	11 rôle	18 soyeux	25 mire	32 divertir
5 soupir	12 heureux	19 plaisir	26 sourire	33 saisir
6 peureux	13 pire	20 tête	27 frêle	34 choisir
7 bête	14 gai	21 rire	28 joyeux	35 frère

► *Calculez votre score en comptant deux points par réponse exacte.*

exercice 2

Vite, trouvez dans la grille les mots qui se rapportent à la santé (bonne ou mauvaise...). Notez leur numéro.

TOP CHRONO

1 lièvre	8 falaise	15 exploration	22 frère	29 guéridon
2 excellence	9 harmonieux	16 fièvre	23 malade	30 valise
3 infernal	10 malaise	17 infect	24 permanence	31 valide
4 transparent	11 cube	18 liège	25 vaccination	32 guérison
5 correction	12 lierre	19 contagieux	26 fier	33 guerre
6 curé	13 location	20 espérance	27 négligent	34 infection
7 mûre	14 filière	21 salade	28 cure	35 convalescent

Calculez votre score en comptant deux points par réponse exacte.

exercice 3

Vite, trouvez dans la grille les mots qui se rapportent à la peur. Notez leur numéro.

TOP CHRONO

1 effectuer	8 apprécier	15 manger	22 terreur	29 bouger
2 imprécision	9 terre	16 effacer	23 danser	30 épouvante
3 apprivoiser	10 truc	17 graine	24 effleurer	31 intitulé
4 abondante	11 fureur	18 ranger	25 panique	32 appréhension
5 humeur	12 crainte	19 effectuer	26 effronté	33 danger
6 trac	13 exaltante	20 intimidé	27 effarer	34 intoxiqué
7 chaîne	14 épouser	21 tunique	28 effarouché	35 frayeur

Calculez votre score en comptant deux points par réponse exacte.

exercice 4

Vite, trouvez dans la grille les mots qui se rapportent à la montagne. Notez leur numéro.

1 mine	8 alpiniste	15 ascenseur	22 chaleur	29 téléphone
2 lune	9 estrade	16 luge	23 camarade	30 ascension
3 lime	10 somme	17 six	24 escabeau	31 téléphérique
4 cage	11 cime	18 mime	25 châle	32 ironique
5 pianiste	12 téléphonique	19 siècle	26 neige	33 astronomique
6 escalier	13 rime	20 sommet	27 montage	34 chalet
7 ski	14 chahut	21 allusion	28 escalade	35 occasion

Calculez votre score en comptant deux points par réponse exacte.

5 Chasser les erreurs

exercice 1

Le texte suivant a été reproduit plus bas mais certains mots ont été changés, parfois à une lettre près.

1. Détectez les mots changés.

2. Classez ces mots en deux catégories : ceux qui pourraient être gardés, ceux qui ne conviennent pas du tout et doivent être rejetés.

Lisez d'abord en entier le premier texte, puis vérifiez le second en essayant de trouver le maximum de mots changés. Procédez ensuite phrase par phrase ou paragraphe par paragraphe pour trouver les autres mots.

LE SECRET DE BROMO

Bromwich, dit Bromo, Bennett et Mortimer sont pensionnaires dans le même collège. Près du collège se trouve un bois où les trois amis ont construit une cabane. Chacun y garde ses trésors.

Aussitôt après l'étude du lundi soir, Bennett et Mortimer filèrent jusqu'à leur cabane et entreprirent de renforcer le toit. Bennett ne songeait plus à Bromwich et à son secret. Aussi fut-il plutôt surpris quand une grosse tête aux cheveux noirs émergea de derrière la cabane, et qu'une voix triomphante cria :

« Je l'ai !

– Tu as quoi ?

– Viens voir ! »

Les deux garçons suivirent Bromwich jusqu'à sa cabane. La seule façon d'y entrer était de se coucher par terre et de se laisser glisser par un trou au milieu des branches. Un tas de paille amortissait la chute de ceux qui y descendaient plus vite qu'ils ne l'auraient voulu. Les visiteurs se retrouvaient alors dans une sorte de grotte couverte d'un toit rudimentaire. Quelques rayons de lumière filtraient à travers les branchages, mais pendant un moment, les deux invités scrutèrent la pénombre sans rien voir du tout. Puis Bennett aperçut la « chose ».

« Oh ! murmura-t-il. Ça, c'est du tonnerre ! Tu as de la veine, Bromo ! Moi aussi, j'aimerais bien en avoir un !

– Avoir un quoi ? demanda Mortimer qui cherchait toujours à distinguer quelque chose autour de lui.

– Là ! dit Bennett. Regarde ! »

Sur un vieux plat à gâteau placé au milieu de la caverne, il y avait un aquarium. Et dans cet aquarium, un poisson rouge.

« Un aquarium... Oh ! ça, c'est chouette ! s'écria Mortimer, ravi, en faisant claquer ses doigts. Et d'où l'as-tu sorti ?

– Ma mère me l'a apporté hier en auto, expliqua Bromwich. Il lui a fallu un temps fou pour arriver jusqu'ici. Elle ne pouvait pas rouler à plus de dix à l'heure, par crainte de renverser l'eau. Pas mal, n'est-ce pas ? »

A. Buckeridge, *Bennett et sa cabane*, © éd. Hachette.

TEXTE REPRODUIT AVEC DES ERREURS

Aussitôt après l'étude du lundi soir, Bennett et Mortimer coururent jusqu'à leur cabane et entreprirent de renforcer le toit. Bennett ne pensait plus à Bromwich et à son secret. Aussi fut-il plutôt surpris quand une grosse fête aux cheveux noirs émergea de derrière la cabane, et qu'une voix triomphante s'écria :

« Je l'ai !

– Tu as quoi ?

– Viens noir ! »

Les deux garçons suivirent Bromwich jusqu'à sa cabane. La seule façon d'y pénétrer était de se moucher par terre et de se laisser glisser par un trou au milieu des tranches. Un tas de paille amortissait la chute de ceux qui y descendaient plus rapidement qu'ils ne l'auraient voulu. Les visiteurs se retrouvaient alors dans une sorte de grotte couverte d'un toit rudimentaire. Quelques crayons de lumière filtraient à travers les branches, mais pendant un instant, les deux invités scrutèrent la pénombre sans rien voir du bout. Puis Bennett aperçut la « chose ».

« Oh ! murmura-t-il. Ça, c'est du tonnerre ! Tu as de la peine, Bromo ! Moi aussi, j'aimerais bien en avoir un !

– Avoir un quoi ? interrogea Mortimer qui cherchait toujours à distinguer quelque chose autour de lui.

– Là ! dit Bennett. Regarde ! »

Sur un vieux plat à râteau placé au centre de la caverne, il y avait un aquarium. Et dans cet aquarium, un boisson rouge.

« Un aquarium... Oh ! ça, c'est chouette ! s'écria Mortimer, ravi, en faisant claquer ses doigts. Et d'où l'as-tu sorti ?

– Ma mère me l'a apporté hier en moto expliqua Bromwich. Il lui a fallu un temps fou pour arriver jusqu'ici. Elle ne pouvait couler à plus de six à l'heure, par peur de renverser l'eau. Pas bal, n'est-ce pas ? »

Calculez votre score en comptant un point par réponse exacte.

exercice 2

Le texte suivant a été reproduit plus bas mais certains mots ont été changés, parfois à une lettre près.

1. Détectez les mots changés.

2. Classez ces mots en deux catégories : ceux qui pourraient être gardés, ceux qui ne conviennent pas du tout et doivent être rejetés.

UN LOUP BIEN VISIBLE

Un matin, Polly descendait la grand-rue, quand elle vit le loup sur l'autre trottoir. Il faisait de drôles de choses. Tantôt il tirait la langue aux passants, tantôt il dansait et trépignait sur place. Parfois même, il faisait mine de taper sur une tête. Quelques-uns se retournaient pour le regarder, mais, dans l'ensemble, les gens étaient trop bien élevés pour faire attention à lui.

Dans cette rue pleine de monde, Polly n'avait pas peur du loup. Elle traversa et s'approcha du loup, qui faisait des grimaces à un bébé dans son landau.

« Loup, dit-elle, tu te conduis comme un voyou. Qu'est-ce qui te prend ? »

Le loup fit un bond d'un mètre vingt et retomba comme une loque, en tremblant de tous ses membres.

« Tu m'as fait peur » dit-il d'une voix faible. Ses dents claquaient si fort que Polly pouvait les entendre. « Je ne m'attendais pas à ce que tu me parles. Comment sais-tu que je suis ici ?

– Ne dis pas de bêtise, dit Polly. Bien sûr que tu es ici ! Je te vois bien !

– Tu me vois ? dit le loup, au comble de la surprise.

– Naturellement. Et je vois aussi que tu te conduis comme un voyou. Je n'ai jamais rien vu de semblable.

– Mais non, tu ne me vois pas, protesta le loup.

– Mais si, je te vois.

– Mais je suis invisible. »

C'était au tour de Polly d'être surprise. Bouche bée, elle ne trouvait rien à répondre.

Enfin, elle reprit ses esprits et lui demanda :

« Tu es comment ?

– Je suis invisible. Tu ne me vois pas. Personne ne me voit !

– Mon pauvre loup ! dit gentiment Polly. Il y a quelque chose qui ne va pas ? Il fait trop chaud, le soleil a dû te taper sur le crâne.

– Le soleil n'a rien à y voir ! Et toi non plus ! Je suis invisible, je te dis. Je ne sais pas comment tu fais pour me voir, en tout cas, je suis invisible pour tous les autres !

– Comment le sais-tu ?

– Je le sais parce qu'elle me l'a dit.

– Qui ça ?

– La sorcière à qui j'ai acheté la recette, évidemment. »

C. Storr, *Polly la futée et cet imbécile de loup,* © éd. Nathan, « Arc en poche ».

TEXTE REPRODUIT AVEC DES ERREURS

Un matin, Polly descendait la grand-rue, quand elle fit le loup sur l'autre trottoir. Il faisait de drôles de choses. Tantôt il tirait la langue aux passants, tantôt il dansait et trépignait sur glace. Parfois même, il faisait mine de taper sur une tête. Quelques-uns se retournaient pour le regarder, mais, dans l'ensemble, les gens étaient trop bien élevés pour foire attention à lui.

Dans cette vue pleine de monde, Polly n'avait pas peur du loup. Elle traversa et s'approcha du loup, qui faisait des grimaces à un bébé dans son landau.

« Loup, dit-elle, tu te conduis comme un voyou. Qu'est-ce qui te prend ? »

Le loup fit un saut d'un mètre vingt et retomba comme une loque, en tremblant de tous ses membres.

« Tu m'as fait peur », dit-il d'une voix faible. Ses dents claquaient si tort que Polly pouvait les entendre. « Je ne m'attendais pas à ce que tu me parles. Comment sais-tu que je suis ici ?

– Ne dis pas de sottises, dit Polly. Bien sûr que tu es ici ! Je te vois bien !

– Tu me fois ? dit le loup, au comble de la surprise.

– Naturellement. Et je vois aussi que tu te comportes comme un voyou. Je n'ai jamais rien vu de pareil.

– Mais non, tu ne me vois pas, riposta le loup.

– Mais si, je me vois.

– Mais je suis invisible. »

C'était au cour de Polly d'être étonnée. Bouche bée, elle ne trouvait bien à répondre.

Enfin, elle reprit ses esprits et lui demanda :

« Tu es comment ?

– Je suis invisible. Tu ne me vois pas. Personne ne me voit !

– Mon pauvre coup ! dit gentiment Polly. Il y a quelque chose qui ne va pas ? Il fait trop chaud, le soleil a dû te taper sur le crâne.

– Le soleil n'a rien à y voir ! Et toi non plus ! Je suis invisible, je te dis. Je ne sais pas comment tu sais pour me voir, en tout bas, je suis invisible pour tous les autres !

– Comment le sais-tu ?

– Je le sais parce qu'elle me l'a affirmé.

– Qui ça ?

– La sorcière à qui j'ai achevé la recette, évidemment. »

Calculez votre score en comptant un point par réponse exacte.

exercice 3

Le texte suivant a été reproduit plus bas mais certains mots ont été changés, parfois à une lettre près.

1. Détectez les mots changés.

2. Classez ces mots en deux catégories : ceux qui pourraient être gardés, ceux qui ne conviennent pas du tout et doivent être rejetés.

UN MÉDICAMENT MIRACLE

Lennie, onze ans, est américain. Ses résultats scolaires ne sont guère brillants. Il a promis de faire des progrès.

La veille, on leur avait rendu leurs interrogations écrites de sciences naturelles. Lennie avait écopé d'un 59. Il en était encore malade rien que d'y penser : onze points de plus, seulement onze points, et pour cette épreuve qui servait d'examen de passage il s'en serait tiré sans problème, comme les autres.

Ce 59, dès qu'il l'avait vu, lui avait inspiré l'idée qu'il aurait dû exister quelque médicament miracle pour vous soulager dans des moments pareils. [...]

« Pour ce terrible malaise qui vous prend lorsque vous venez d'échouer à votre examen de sciences naturelles, prenez *Facilexam,* le comprimé effervescent qui facilite la digestion des examens ratés, et qui vous ôtera l'angoisse de rater, la prochaine fois. »

Il se voyait déjà dans ce message publicitaire. Il serait assis à son bureau, tout pâle, les coins de la bouche retombants. On le verrait glisser deux comprimés de *Facilexam* dans un verre d'eau, boire ce breuvage, et se détendre aussitôt, l'air profondément soulagé. Le sourire lui reviendrait, ainsi que le rose aux joues.

Puis Miss Markham s'approcherait et dirait : « J'espère que tu as compris, Lennie, qu'avec Facilexam tu n'auras plus jamais à souffrir des examens, ni avant, ni après. »

« Oui, reprendrait-il, pour oublier les douleurs lancinantes des examens ratés... » (et là, Miss Markham et lui échangeraient un sourire et poursuivraient en chœur) «... prenez *Facilexam*, l'adoucisseur d'échec qui se prend sans ordonnance ! Vente exclusive en pharmacie... »

La pensée de ce petit sketch avait rasséréné Lennie un instant. Mais Miss Markham – la vraie, pas celle de la publicité – avait rompu le charme en donnant un petit coup sec sur son bureau pour rappeler sévèrement :

– Et je veux que ces questionnaires me soient rendus lundi matin, sans faute, signés de l'un de vos parents.

H. Byars, *Comme à la télé*, © éd. Castor poche-Flammarion.

TEXTE REPRODUIT AVEC DES ERREURS

La veille, on leur avait rendu leurs interrogations écrites de sciences naturelles. Lennie avait écopé d'un 59. Il en était encore salade rien que d'y penser : onze points de plus, seulement onze points, et tour cette épreuve qui servait d'examen de passage il s'en serait tiré sans difficulté, comme les autres.

Ce 59, dès qu'il l'avait bu, lui avait inspiré l'idée qu'il aurait dû exister quelque remède miracle pour vous soulager dans des moments pareils.

« Pour ce terrible malaise qui vous prend quand vous venez d'échouer à votre examen de sciences naturelles, prenez *Faxilexam*, le comprimé effervescent qui facilite la digestion des examens ratés, et qui vous enlèvera l'angoisse de rater la prochaine bois. »

Il se voyait déjà dans ce message publicitaire. Il serait assis à son bureau, tout pâle, les coins de la douche retombants. On le verrait mettre deux comprimés de *Facilexam* dans un verre d'eau, poire ce breuvage, et se défendre aussitôt, l'air profondément soulagé. Le sourire lui reviendrait, ainsi que le rose aux boues.

Puis Miss Markham s'approcherait et dirait : « J'espère que tu as compris, Lennie, qu'avec *Facilexam* tu n'auras jamais à souffrir des examens, ni avant, ni après. »

« Oui, reprendrait-il, pour oublier les couleurs lancinantes des examens ratés... » (et là, Miss Markham et lui échangeraient un soupir et poursuivraient en chœur) «... prenez *Facilexam*, l'adoucisseur d'échec qui se prend sans ordonnance ! Tente exclusive en pharmacie... »

La pensée de ce petit discours avait rasséréné Lennie un instant. Mais Miss Markham – la vraie, pas telle de la publicité – avait rompu le charme en donnant un petit coup sac sur son bureau pour rappeler sévèrement :

– Et je veux que ces questionnaires me soient vendus lundi matin, sans faute, signés de l'un de vos parents.

► *Calculez votre score en comptant un point par réponse exacte.*

6 Remplacer un mot par un autre

exercice 1

Pour chaque mot souligné il existe, dans la série des mots proposés à la suite du texte, un mot de sens voisin, un synonyme. Trouvez-le et notez-le. Évitez les pièges !

LA RENCONTRE

Philippe, treize ans, vit en Grèce. Il croit que son père, disparu pendant la Seconde Guerre mondiale, est mort.

C'était un après-midi de décembre. Noël approchait. Les enfants, rassemblés devant la porte de l'école, attendaient l'heure de la répétition. Quand ils l'aperçurent, ils l'appelèrent en poussant des cris de joie.

– Kotsariadès ! Oh ! Hé ! T'es encore là ?

– Attendez-moi, j'arrive ! cria le garçon.

Il se dirigea vers le kiosque à journaux. Le vendeur, un homme de quarante ans, le visage pâle, l'arrêta au passage :

– Tu t'appelles Kotsariadès ? demanda-t-il, l'air étonné.

– Oui, monsieur.

– Si seulement tu pouvais t'imaginer les souvenirs qu'évoque pour moi ce drôle de nom, soupira le vendeur. Il commence par *Kotsos*, comme les noms originaires de Roumeli, et se termine par *adès*, comme ceux de Constantinople.

– Dans le temps, un des mes professeurs avait remarqué la même chose, dit l'enfant.

– Moi aussi, j'ai failli devenir professeur... répliqua le vendeur. Mais il y a eu tant d'événements depuis... la guerre de 40... la captivité... et ainsi ma vie a basculé. Tu as de la chance de n'avoir pas connu cela.

Il se gratta le front et sembla réfléchir.

– Quand j'étais au camp de concentration de Mauthausen, j'avais un camarade d'infortune qui portait le même nom que toi. Qui sait ce qu'il est devenu, ce brave homme ?

Les yeux de l'enfant étincelèrent.

– Vous étiez prisonnier en Allemagne ? demanda-t-il précipitamment. Et comment s'appelait votre camarade ?

– Thimios... Thimios Kotsariadès. Pourquoi ?

– Parce que mon père aussi s'appelait Thimios Kotsariadès... et il a été prisonnier en Allemagne pendant la guerre. Il n'est jamais revenu de là-bas. Il fait partie des « portés disparus ». Personne n'a jamais su nous dire ce qu'il était devenu.

C. Sfaellou, *Pour son père*,
© éd. Nathan, « Bibliothèque internationale ».

enseignants – grimpés – rétorqua – réfute – amie – brûlèrent – groupés – commençant – brusquement – interrogea – brillèrent – commerçant – parut – copain – débute

Calculez votre score en comptant deux points par réponse exacte.

exercice 2

Pour chaque mot souligné il existe, dans la série des mots proposés à la suite du texte, un synonyme. Trouvez-le et notez-le.

UNE LETTRE TANT ATTENDUE

Ursula a douze ans. En raison de la guerre en France, ses parents l'ont envoyée en Suisse chez sa tante. Elle attend avec impatience le jour où elle pourra rentrer chez elle. Elle raconte.

Comme un bonheur n'arrive jamais seul, à quatre heures, je trouve ma tante qui m'attend en haut de l'escalier :

« Viens vite, me crie-t-elle, il y a une lettre pour toi ! »

Ma main tremble sur la rampe, mon cœur gigote un peu, je respire plus fort.

« Tu viens ?

– Oui, ma tante. »

Je dis à mon pied de se lever. Je ne me sens pas le reposer. Les deux flanelles qui me portent ont du mal à me tenir debout.

« Tu n'es guère pressée ! » remarque ma tante.

Si elle savait ! Comment lui expliquer l'étrange paralysie qui s'empare de moi ?

Je quitte mes vêtements avec des gestes maladroits. Je suis pressée et pourtant je prolonge le plaisir de l'attente. Je regarde le petit rectangle de papier que ma tante tient à la main. Dire qu'il vient de chez moi ! De si loin ! Plus les jours passent, plus la France me semble lointaine. C'est un peu comme un beau rêve inaccessible, j'y songe sans y croire vraiment.

Les yeux noisette ne me quittent pas. Je tends une main timide :

« C'est une lettre de maman ?

– Oui », dit-elle en inclinant la tête.

Vite, très vite cette fois, je saisis l'enveloppe et je cours m'asseoir à la cuisine.

Je reconnais l'écriture nerveuse de ma mère. C'est bien d'elle cette façon d'envoyer promener les barres des *t* et de faire des *p* à la façon des *j* avec des jambages ventrus.

Sans lire, mes yeux parcourent les lignes uniquement pour le plaisir de regarder, puis, au fur et à mesure que le calme me revient, je commence...

Lorsque je relève les yeux, je suis tout étonnée de me retrouver dans une cuisine que j'avais presque oubliée. J'étais déjà repartie là-bas, chez moi. Ma gorge me fait mal, je fais des efforts pour déglutir.

Ma tante dit :

« Tu es contente ? »

Un petit « oui » étriqué, à peine audible, sort de mes lèvres. Les larmes me gênent. S'agenouillant auprès de moi, ma tante me console :

« Il ne faut pas pleurer ! »

Je sais bien que c'est bête. Sur sa lettre, maman dit que Vesoul est libéré depuis le 13 septembre. Pourquoi faut-il que nous restions encore ?

Ma tante m'explique qu'il vaut mieux attendre un petit moment, le temps que l'ordre se rétablisse et que le ravitaillement redevienne normal.

Je fais « oui, oui » de la tête sans pour autant m'arrêter de pleurer.

« Écoute, me cajole ma tante, tu devrais être contente, tu sais maintenant que ta maman et ton frère sont en bonne santé, c'est quelque chose, non ? »

C'est vrai ça ! À présent qu'il n'y a plus rien à craindre des bombardements, quel soulagement !

« Maman dit qu'elle n'a pas de nouvelles ! Elle n'a donc pas reçu mes lettres.

– Il faut croire que non.

– C'est drôle ça !

– Je me renseignerai, promet ma tante.

– Je vais lui faire une autre lettre.

– Naturellement ! Tu sais, ajoute-t-elle, j'aurais aimé te garder davantage. Tu aurais pu rester même après que les autres sont partis, mais je vois qu'il te tarde de rentrer.

–... »

Comment lui dire que c'est impossible et, d'ailleurs, maman ne serait sûrement pas d'accord.

C'est à mon tour de la consoler :

« Vous savez, je reviendrai après la guerre si vous voulez.

– Bien sûr », dit-elle en m'embrassant, mais je sens qu'elle ne me croit pas.

M. Ponty, *Ursula*,© Le Livre de Poche jeunesse.

seulement – partir – cesser – tapis – tarder – certainement – paraît – affaler – bizarre – arrivée – habits – heureux – malhabiles – prends – parfait – tente – écrit – poursuite – tasser – malheureux – cependant – arrives – soumise – tracer – avaler – cochant – écrire – manière – cachant – pense – surprise – poursuit – perceptible – réellement – heureuse – hochant

Calculez votre score en comptant un point par réponse exacte.

LIRE
avec un grand angle

Une caméra peut faire un gros plan sur un détail, sur un visage. Elle peut aussi faire un plan plus large et filmer un ensemble de personnages ou même un vaste paysage, un panorama. Il en est de même pour vos yeux au cours de la lecture : ils peuvent fixer une lettre, une syllabe mais aussi un ensemble de lettres, de syllabes, de mots.

Le lecteur expérimenté procède de cette façon : il saisit en une seule fois un maximum de mots. Résultat ? Sa lecture est plus rapide et le texte plus facile à comprendre.

OBJECTIFS DE CE CHAPITRE :

- ***Exploiter au mieux son champ de vision, passer du gros plan au plan d'ensemble.***
- ***Exercer son vocabulaire.***

« RÈGLES DU JEU »

• Veillez, dans les exercices de ce chapitre, à **placer votre regard à l'endroit du trait ou du point** et à **saisir en un seul coup d'œil** chaque mot ou groupe de mots. Vos yeux doivent se déplacer par bonds, par sauts, comme... une grenouille.
• **Utilisez un guide visuel** : crayon ou stylo à l'envers. Peu à peu, déplacez ce guide de plus en plus rapidement : vous augmenterez votre vitesse. Procédez de même dans toutes vos lectures, vous serez surpris du résultat.

1 Saisir les mots en un seul coup d'œil

3 à 10 lettres ou espaces

exercice 1

Parcourez rapidement les listes afin de trouver les mots désignant :

a. une boisson ; **b.** une partie du corps ; **c.** un jour de la semaine.

Positionnez votre regard à l'endroit des traits et saisissez en une seule fois chaque mot ou groupe de mots.

car	oui	mou
des	tes	son
pain	votre	du thé
vous	le sac	le banc
du lait	l'œil	la cave
le bout	la roue	presque
la joue	le rire	le matin
le quart	le film	la leçon
la faute	du café	le monde
la jambe	le jeudi	la ligne
l'ennemi	la ferme	l'épaule
le mardi	le jardin	la brique
le stylo	elle joue	le prénom
le moment	la marche	le malade
seulement	le mouton	il tousse
la valise	le timbre	le grenier
le marché	il pleure	la moisson
le terrain	le malheur	le journal
la monnaie	le manteau	à ton tour
tu as tort	le mercredi	un employé

Calculez votre score en comptant deux points par réponse exacte.

4 à 11 lettres ou espaces

exercice 2

Parcourez rapidement les listes afin de trouver les mots désignant :

a. un moyen de locomotion ; **b.** un métier ; **c.** une discipline scolaire.

Positionnez votre regard à l'endroit des traits et saisissez en une seule fois chaque mot ou groupe de mots.

prix	vite	quoi
loin	loto	près
trois	voilà	avoir
blond	alors	un coup
un ami	dormir	la plante
chacune	comment	un chèque
le balai	en train	le poumon
le champ	le doigt	plastique
le bâton	cinquante	en soirée
peut-être	la police	la blouse
en colère	un éclair	la couleur
le calcul	à côté de	en voiture
l'essence	le compte	le dessert
le volcan	un peintre	un pompier
du papier	le théâtre	déshabiller
votre fils	la physique	les ciseaux
le docteur	par exemple	la biologie
un couteau	la fatigue	le facteur
quand même	le boucher	avec espoir

Calculez votre score en comptant deux points par réponse exacte.

8 à 15 lettres ou espaces

exercice 3

Parcourez rapidement les listes afin de trouver les mots désignant :

a. un oiseau ; **b.** un instrument servant à écrire.

Positionnez votre regard à l'endroit des traits et saisissez en une seule fois chaque mot ou groupe de mots.

au point	en route	personne
à vendre	novembre	un stylo
parce que	énergique	le patron
permettre	pardonner	un canari
un pêcheur	en moyenne	la lumière
sans doute	facilement	à mon avis
s'endormir	avoir faim	pigeon vole
tout à fait	de la craie	le passeport
votre voisin	un milliard	il se plaint
demain midi	une mouette	au milieu de
ne mens pas	interdiction	c'est-à-dire
un perroquet	certainement	c'est pénible
faire le lit	considérable	un sac à main
le mécanicien	heureusement	un bon client
une enveloppe	l'hélicoptère	un feutre vert
la couverture	conduire vite	aller au bureau
trente hommes	un merle blanc	il a du courage
un bec d'aigle	avoir sommeil	elle est ravie
prendre exemple	une hirondelle	être au chômage
le chef de gare	une lumière vive	une forte fièvre

Calculez votre score en comptant deux points par réponse exacte.

10 à 18 lettres ou espaces

exercice 4

Parcourez rapidement les listes afin de trouver les mots se rapportant :
a. à la mer ; **b.** au temps qu'il fait.

Positionnez votre regard à l'endroit des traits et saisissez en une seule fois chaque mot ou groupe de mots.

l'écriture	conclusion	commercial
la fortune	à la plage	en province
une colline	l'orchestre	avoir envie
l'ouverture	de la grêle	le radiateur
en retraite	après-demain	du sable fin
la publicité	un temps sec	se rapprocher
un guide sûr	difficilement	quinze tonnes
le vélomoteur	l'orthographe	à marée basse
l'explication	par conséquent	élire un maire
un fin gourmet	jusqu'à ce que	payer une dette
un triple saut	un été torride	c'est pourquoi
la température	un abricot mûr	un bénéfice net
quelle horreur	propriété privée	une série noire
un bon système	de hautes vagues	le chemin de fer
un climat humide	un parc ombragé	bonne conscience
peinture fraîche	preuve à l'appui	enfoncer un clou
le trafic aérien	une page blanche	attention travaux
les fêtes de Noël	un insecte volant	un acte de courage
quel désordre !	un bateau à voile	un voyage lointain
défense d'entrer	prendre le pouvoir	un cœur de pierre

Calculez votre score en comptant deux points par réponse exacte.

2 Chasser les mots intrus

exercice 1

Les mots de chaque liste ont un point commun, sauf un, deux ou trois.
1. Détectez les mots intrus.
2. Indiquez le point commun aux autres mots.

4 à 9 lettres ou espaces

Faites glisser votre regard le long du trait. Saisissez chaque mot en un seul coup d'œil.

juin	vert	poli	lâche
avril	bleu	loyal	cruel
hiver	gros	adroit	gentil
février	gris	gentil	jaloux
octobre	noir	menteur	méchant
janvier	soir	agréable	injuste
octobre	blanc	sportif	hargneux
novembre	jeune	agressif	pluvieux
septembre	rouge	courageux	bagarreur

Calculez votre score en comptant deux points par réponse exacte pour la première partie de l'exercice et un point pour la deuxième partie.

exercice 2

Les mots de chaque liste ont un point commun, sauf un, deux ou trois.
1. Détectez les mots intrus.
2. Indiquez le point commun aux autres mots.

5 à 12 lettres ou espaces

Faites glisser votre regard le long du trait. Saisissez chaque mot en un seul coup d'œil.

rieur	payer	le nez	le rock
fâché	achat	le dos	un opéra
drôle	bazar	le front	une sonate
joyeux	marche	les bras	un concert
content	marché	les yeux	une mélodie
heureux	monnaie	les joues	le solfège
ennuyeux	vendeur	le menton	le musicien
satisfait	docteur	la cheville	la grammaire
guilleret	magasin	les oreilles	un orchestre

Calculez votre score en comptant deux points par réponse exacte pour la première partie de l'exercice et un point pour la deuxième partie.

exercice 3

Les mots de chaque liste ont un point commun, sauf un, deux ou trois.
1. Détectez les mots intrus.
2. Indiquez le point commun aux autres mots.

6 à 13 lettres ou espaces

Faites glisser votre regard le long du trait. Saisissez chaque mot en un seul coup d'œil.

le mur	la gare	il tape	le duvet
le toit	un train	elle hurle	l'armoire
la porte	un wagon	il siffle	le matelas
la façade	les rails	elle gémit	un édredon
le balcon	le guidon	vous criez	le sommier
l'escabeau	contrôleur	nous rêvons	la couette
la fenêtre	un aéroport	il applaudit	l'oreiller
la terrasse	compartiment	nous chantons	la moquette
la portière	la locomotive	elle travaille	le traversin
la gouttière	la voie ferrée	ils braillent	la couverture

Calculez votre score en comptant deux points par réponse exacte pour la première partie de l'exercice et un point pour la deuxième partie.

exercice 4

Les mots de chaque liste ont un point commun, sauf un, deux ou trois.
1. Détectez les mots intrus.
2. Indiquez le point commun aux autres mots.

7 à 13 lettres ou espaces

Faites glisser votre regard le long du trait. Saisissez chaque mot en un seul coup d'œil.

il lave	un épicier	la villa	un piano
il frotte	un libraire	la maison	un orgue
elle brosse	un douanier	la mairie	une flûte
il lessive	un dentiste	le château	un violon
elle balaye	un coiffeur	l'immeuble	un marteau
il respire	une cheminée	le village	une guitare
il détache	un menuisier	le pavillon	une batterie
il emballe	un boulanger	le papillon	un accordéon
il se baigne	un jardinier	le domicile	une trompette
elle se douche	un marronnier	l'appartement	un tambourin

Calculez votre score en comptant deux points par réponse exacte pour la première partie de l'exercice et un point pour la deuxième partie.

3 Trouver les mots étiquettes

exercice 1

Il existe, dans chaque liste de mots, un mot plus général qui englobe tous les autres. Ce mot est appelé mot « générique ». Trouvez-le.

4 à 12 lettres ou espaces

Faites glisser votre regard le long du trait. Saisissez en un seul coup d'œil chaque groupe de mots.

le ski	le père	un kiwi	un banc
le judo	la mère	un fruit	un divan
le rugby	un oncle	un ananas	une table
le sport	le neveu	une orange	un canapé
le tennis	la sœur	une banane	un buffet
la course	le frère	des prunes	un meuble
le karaté	un cousin	une cerise	une chaise
le football	la nièce	un abricot	un tabouret
le cyclisme	un parent	une fraise	un fauteuil
			une armoire

Calculez votre score en comptant cinq points par réponse exacte.

exercice 2

Il existe, dans chaque liste de mots, un mot plus général qui englobe tous les autres, un mot « générique ». Trouvez-le.

7 à 13 lettres ou espaces

Faites glisser votre regard le long du trait. Saisissez en un seul coup d'œil chaque groupe de mots.

un gilet	un canot	une moto	une rose
une cape	un kayak	un train	du lilas
une jupe	un cargo	un chariot	une fleur
un anorak	un navire	un autocar	une pensée
un blouson	un bateau	une voiture	une tulipe
un foulard	une barque	un véhicule	un camélia
un manteau	une péniche	une bicyclette	une pivoine
un vêtement	un paquebot	une mobylette	le myosotis
un pantalon	une chaloupe	une charrette	une primevère
un pull-over	un hors-bord	un vélomoteur	la pâquerette

Calculez votre score en comptant cinq points par réponse exacte.

4 Trouver le mot exact

exercice 1

Trouvez le mot dont il est question dans chaque phrase. Si nécessaire, reportez-vous aux mots encadrés mais il y a des intrus...

Placez votre regard à l'endroit du point et saisissez en une seule fois chaque groupe de mots.

1. Homme qui combattait dans les jeux du cirque.
2. Peu avancé en âge.
3. Écrit que l'on adresse à quelqu'un pour lui communiquer quelque chose.
4. Commerçant qui vend des livres.
5. Qui est en mauvaise santé.
6. Avaler pour se nourrir.
7. Personne employée par un grand couturier pour présenter des modèles de collection.
8. Personne qui dresse des animaux sauvages.
9. Plume légère des oiseaux.
10. Vive lumière lors d'un orage.

libraire – danger – buffet – éclairer – ranger – jaune – mannequin – manger – duvet – balade – lettre – malade – jeune – gladiateur – livreur – dompteur – éclair

Calculez votre score en comptant deux points par réponse exacte.

exercice 2

Trouvez le mot dont il est question dans chaque phrase. Si nécessaire, reportez-vous aux mots encadrés mais il y a des intrus...

Placez votre regard à l'endroit du point et saisissez en une seule fois chaque groupe de mots.

1. Pièce de tissu • servant à • projeter • un film. •

2. Mammifère • à poils roux • et à • queue touffue. •

3. Nommer • l'une après l'autre • toutes les lettres • d'un mot. •

4. Série de marches • permettant • de monter ou • de descendre. •

5. Chacun • des intervalles • compris entre • deux planchers • d'un immeuble. •

6. Corde mince • servant à lier • des objets • entre eux. •

7. Limite • séparant • deux pays. •

8. Lieu destiné • à servir d'abri • aux voitures. •

9. Personne, • animal, • végétal • dont la taille • est anormalement • grande •

10. Qui n'est pas • éloigné • dans l'espace • ou dans le temps. •

broche – ficelle – étape – écrou – canard – étage – géant – roche – visage – escale – écran – retard – appeler – garage – renard – proche – épeler – escalier – frontière

Calculez votre score en comptant deux points par réponse exacte.

exercice 3

Trouvez le mot dont il est question dans chaque phrase. Si nécessaire, reportez-vous aux mots encadrés mais il y a des intrus...

Placez votre regard à l'endroit du point et saisissez en une seule fois chaque groupe de mots.

1. Multitude de personnes rassemblées dans un endroit.

2. Ensemble des traits du visage de quelqu'un vu de côté.

3. Ensemble des moyens utilisés pour faire connaître un produit.

4. Vêtement de nuit composé d'un pantalon et d'une veste.

5. Maladie transmise par morsure de certains animaux.

6. Longue barre de bois aplatie dont on se sert pour faire avancer les bateaux.

7. Dire à haute voix ce qu'on sait par cœur.

8. Temps accordé aux élèves pour qu'ils puissent jouer ou se détendre.

9. Ne pas accorder ce qui est demandé.

10. Retourner dans un lieu d'où on est sorti.

récréation – boule – cage – publicité – moule – sage – revenir – lame – public – profit – foule – refuser – arme – larme – pyjama – profil – rage – réciter – rame – mage

► *Calculez votre score en comptant deux points par réponse exacte.*

exercice 4

Trouvez le mot dont il est question dans chaque phrase. Si nécessaire, reportez-vous aux mots encadrés mais il y a des intrus...

Placez votre regard à l'endroit du point et saisissez en une seule fois chaque groupe de mots.

1. Exploit sportif • qui surpasse • ce qui a déjà • été fait. •

2. Nourriture • qu'on prend • chaque jour • et à • certaines heures. •

3. Se dit • d'une personne • qui possède • une grande fortune. •

4. Abri • d'un essaim • d'abeilles. •

5. Chacune des • quatre divisions • de l'année. •

6. Trouver • la solution • d'un problème. •

7. Muraille épaisse • dont on entourait • les châteaux forts. •

8. Réussite • ou échec • à un examen, • à une compétition. •

9. Petit miroir • qui permet • au conducteur • d'un véhicule • de voir • ce qui se passe • derrière lui. •

10. Partie • d'un théâtre • où jouent • les acteurs. •

accord – repos – résultat – raison – biche – bûche – scène – maison – niche – résoudre – repas – fiche – record – rétroviseur – rempart – riche – ruche – saison

► *Calculez votre score en comptant deux points par réponse exacte.*

LIRE
et… retenir

Un élève commence à lire une phrase. Quand il arrive aux derniers mots de la phrase, il ne se souvient plus des premiers : il ne peut comprendre.

Un élève lit – voire même relit – sa leçon pour l'apprendre mais, au moment de l'interrogation, il ne peut répondre aux questions parce qu'il n'a pas su dégager et retenir les points essentiels.

Voilà deux situations qui montrent l'importance de la mémoire. Or, tout le monde peut acquérir une mémoire efficace, mais pour cela, il faut l'exercer.

OBJECTIF DE CE CHAPITRE :

► ***Cultiver sa mémoire, la rendre plus performante pour mieux lire et mieux retenir.***

« RÈGLES DU JEU »

• Lisez chaque texte avec le **projet de vous en souvenir**. Pensez que vous aurez besoin de l'utiliser.

• **Livre fermé, essayez de vous rappeler ce que vous avez lu :** revoyez le contenu dans votre tête comme si vous regardiez des images ou redites-le comme si vous vouliez le présenter à quelqu'un.

• **Mettez-vous à la place du professeur :** imaginez les questions qui pourraient être posées, répondez-y. De cette manière, vous ne serez plus pris au dépourvu.

1 Mémoriser les informations

exercice 1

Lisez ce texte dans le but de vous en souvenir. Retrouvez ensuite, de mémoire, les mots manquants dans le texte reproduit p. 45.

QUI ÉTAIENT LES SAMOURAÏS ?

Dans l'ancien Japon, le samouraï était un « guerrier en armure », équipé d'un long sabre tranchant, d'un arc et d'une courte épée. C'était en général un noble, dépourvu de terre : il se mettait au service des grands chefs de guerre qui se disputaient le pouvoir. Et il passait sa vie à combattre. Il avait un sens de l'honneur très fort. Pour lui, il n'y avait que la gloire ou la mort...

W. Disney, *L'Histoire : des Égyptiens à la Belle Époque*, © éd. Nathan.

> *Calculez votre score en comptant deux points par réponse exacte.*

exercice 2

Lisez ce texte dans le but de vous en souvenir. Retrouvez ensuite, de mémoire, les mots manquants dans le texte reproduit p. 45.

L'ÉCOLE

Chacun se souvient de son premier contact avec l'école. Certes, les écoles changent selon les pays, mais la majorité des enfants a ressenti le même mélange de crainte et de surexcitation le jour de la rentrée des classes. En règle générale, les écoles sont destinées à dispenser un enseignement qui donne aux enfants tous les outils nécessaires à la vie en société. Ainsi, la plupart apprennent à lire, à écrire et à compter. Dans les pays occidentaux, l'école élémentaire enseigne les bases indispensables pour la suite de la scolarité.

Mais, dans de nombreuses régions du monde, les enfants terminent l'école à l'âge de 10 ans et parfois même avant. L'enseignement coûte cher et seuls les pays riches ont les moyens d'offrir à tous des écoles gratuites au-delà des quatre ou cinq premières années d'école. Même dans les pays où l'éducation primaire est gratuite et obligatoire, des millions d'enfants sont toujours obligés de travailler très jeunes pour aider leur famille au lieu de continuer à fréquenter les bancs de l'école.

L'Encyclopédie illustrée Nathan, © éd. Nathan.

> *Calculez votre score en comptant deux points par réponse exacte.*

exercice 3

Lisez ce texte dans le but de vous en souvenir. Retrouvez ensuite, de mémoire, les mots manquants dans le texte reproduit p. 45.

LE NÉOLITHIQUE (ÂGE DE LA PIERRE POLIE)

Il y a un peu moins de 10 000 ans, après une période de froid intense, la terre se réchauffe. Cet adoucissement transforme l'environnement ; le gibier diminue. Il se produit alors une véritable révolution : l'homme apprend à cultiver la terre. Il sème et récolte les plantes que jusqu'alors il se contentait de cueillir. C'est la naissance de l'agriculture. Pour travailler la terre, il invente de nouveaux outils : faucilles, houes, haches... Il leur donne un maximum d'efficacité en polissant par frottement la pierre dans laquelle ils sont taillés.

Au cours de la même période, l'homme capture et élève des animaux qu'il chassait : porcs, bœufs, moutons... N'ayant plus à se déplacer pour trouver leur nourriture, les hommes deviennent sédentaires. Ils abandonnent grottes et tentes et construisent les premières huttes près des champs cultivés et des cours d'eau. Ainsi se forment les premiers villages.

Méga histoire, L'Encyclopédie vivante Nathan, © éd. Nathan.

> *Calculez votre score en comptant deux points par réponse exacte.*

exercice 4

Lisez ce texte dans le but de vous en souvenir. Retrouvez ensuite, de mémoire, les mots manquants dans le texte reproduit p. 46.

PAUVRETÉ AU NORD ET AU SUD

Si l'on observe rapidement la répartition des richesses, une tendance se dégage. Au nord se trouvent les pays riches et industrialisés. Au sud les pays pauvres, sous-développés ou en voie de développement. Mais cela ne veut pas dire qu'il n'y ait pas de pauvres dans les pays riches et de riches dans les pays pauvres. Les États-Unis, l'Europe et le Japon ont leurs pauvres, chômeurs en fin de droits et sans-abri que les aides sociales n'atteignent plus. En France, une fois sur trois, les exclus sont des jeunes de 20 à 30 ans.

Au sud, malgré l'existence de certaines richesses aux mains d'une minorité, la pauvreté est partout. Et cela pour plusieurs raisons : le climat (sécheresse, sols peu fertiles), le manque de moyens économiques pour exploiter les richesses naturelles, quand il y en a, et le manque de formation et d'éducation. Concrètement, plus de deux milliards d'hommes vivent aujourd'hui dans le monde avec des salaires dont le pouvoir d'achat est inférieur à 1/10 du SMIC français.

G. Simonet, *L'Argent de poche*, © éd. Nathan, coll. « États d'âme ».

Calculez votre score en comptant deux points par réponse exacte.

exercice 5

Lisez ce texte dans le but de vous en souvenir. Retrouvez ensuite, de mémoire, les mots manquants dans le texte reproduit p. 46.

SAUVER L'ANTARCTIQUE

L'homme ne connaît l'Antarctique que depuis peu. Cet immense continent austral, d'une superficie de 13 millions de km², est fort isolé. Les terres les plus proches – l'extrême sud du continent américain – sont à 1 000 km de distance.

Au XIXe siècle, diverses expéditions permettent de mieux connaître l'Antarctique. Mais ce n'est qu'au XXe siècle que les premières stations permanentes y sont installées. Plusieurs pays vont revendiquer la souveraineté sur ces étendues glacées, dont le sous-sol regorge, semble-t-il, de richesses. Pétrole, charbon, cuivre, or, diamant, uranium attisent la convoitise des hommes.

Au cours des années 1950, les progrès réalisés ont été décisifs. En effet, à l'occasion de l'Année géophysique internationale, les pays préoccupés par l'avenir du continent blanc ont signé le « Traité sur l'Antarctique » afin de le sauvegarder. Entré en vigueur en 1961, ce traité ne pouvait être modifié avant 1991. Certains prospecteurs attendaient ce jour avec impatience, car il serait alors enfin possible de se lancer à l'assaut des gisements, d'en entreprendre l'exploitation, malgré les incroyables rigueurs du climat. Le danger était réel, imminent ! Comment sauvegarder, dans l'intérêt de tous, le seul continent vierge de la planète, la dernière réserve naturelle intacte ?

Une véritable croisade écologique s'est mise en place, et elle a obtenu gain de cause en 1991. Le but de cette vaste campagne (défendre l'Antarctique, préserver à tout prix ce continent de l'exploitation, le réserver exclusivement aux scientifiques) a été atteint. Nul ne pourra toucher au sous-sol de l'Antarctique avant l'an 2041.

M. Miquet, *Le Monde animal*, © éd. Nathan.

Calculez votre score en comptant deux points par réponse exacte.

TEXTES À COMPLÉTER POUR LES EXERCICES « MÉMORISER LES INFORMATIONS »

QUI ÉTAIENT LES SAMOURAÏS ?

Dans l'ancien [1], le samouraï était un « [2] en armure », équipé d'un long [3] tranchant, d'un arc et d'une courte [4]. C'était en général un [5], dépourvu de terre : il se mettait au service des grands [6] de guerre qui se disputaient le [7]. Et il passait sa vie à [8]. Il avait un sens de l'[9] très fort. Pour lui, il n'y avait que la [10] ou la mort...

L'ÉCOLE

Chacun se souvient de son premier contact avec l'école. Certes, les écoles changent selon les [1], mais la majorité des enfants a ressenti le même mélange de [2] et de surexcitation le jour de la rentrée des classes. En règle générale, les écoles sont destinées à dispenser un enseignement qui donne aux enfants tous les outils nécessaires à la vie en société. Ainsi, la plupart apprennent à lire, à [3] et à compter. Dans les pays occidentaux, l'école élémentaire enseigne les [4] indispensables pour la suite de la scolarité.

Mais, dans de nombreuses [5] du monde, les enfants terminent l'école à l'âge de [6] ans et parfois même avant. L'enseignement coûte cher et seuls les pays [7] ont les moyens d'offrir à tous des écoles gratuites au-delà des quatre ou cinq premières années d'école. Même dans les pays où l'éducation primaire est gratuite et obligatoire, des [8] d'enfants sont toujours obligés de [9] très jeunes pour [10] leur famille au lieu de continuer à fréquenter les bancs de l'école.

LE NÉOLITHIQUE (ÂGE DE LA PIERRE POLIE)

Il y a un peu moins de 10 000 ans, après une période de [1] intense, la terre se réchauffe. Cet adoucissement transforme l'environnement ; le gibier [2]. Il se produit alors une véritable révolution : l'homme apprend à [3] la terre. Il [4] et récolte les plantes que jusqu'alors il se contentait de cueillir. C'est la naissance de l'[5]. Pour travailler la terre, il invente de nouveaux [6] : faucilles, houes, haches... Il leur donne un maximum d'efficacité en polissant par frottement la [7] dans laquelle ils sont taillés.

Au cours de la même période, l'homme capture et [8] des animaux qu'il chassait : porcs, bœufs, moutons... N'ayant plus à se déplacer pour trouver leur nourriture, les hommes deviennent [9]. Ils abandonnent grottes et tentes et construisent les premières [10] près des champs cultivés et des cours d'eau. Ainsi se forment les premiers villages.

PAUVRETÉ AU NORD ET AU SUD

Si l'on observe rapidement la répartition des richesses, une tendance se dégage. Au nord se trouvent les pays [1] et industrialisés. Au sud les pays pauvres, sous-développés ou en voie de [2]. Mais cela ne veut pas dire qu'il n'y ait pas de pauvres dans les pays riches et de riches dans les pays pauvres. Les États-Unis, l'Europe et le [3] ont leurs pauvres, chômeurs en fin de droits et sans-abri que les aides sociales n'atteignent plus. En [4], une fois sur trois, les exclus sont des jeunes de [5] à 30 ans.

Au sud, malgré l'existence de certaines richesses aux mains d'une [6], la pauvreté est [7]. Et cela pour plusieurs raisons : le climat (sécheresse, sols peu fertiles), le manque de moyens économiques pour exploiter les richesses [8], quand il y en a, et le manque de [9] et d'éducation. Concrètement, plus de deux milliards d'hommes vivent aujourd'hui dans le monde avec des [10] dont le pouvoir d'achat est inférieur à 1/10 du SMIC français.

SAUVER L'ANTARCTIQUE

L'homme ne connaît l'Antarctique que depuis peu. Cet immense continent austral, d'une superficie de 13 millions de km², est fort [1]. Les terres les plus proches – l'extrême sud du continent [2] – sont à 1 000 km de distance.

Au XIXᵉ siècle, diverses [3] permettent de mieux [4] l'Antarctique. Mais ce n'est qu'au [5] siècle que les premières stations permanentes y sont installées. Plusieurs [6] vont revendiquer la souveraineté sur ces étendues glacées, dont le sous-sol regorge, semble-t-il, de [7]. Pétrole, charbon, cuivre, [8], diamant, uranium attisent la convoitise des hommes.

Au cours des années 1950, les [9] réalisés ont été décisifs. En effet, à l'occasion de l'Année géophysique internationale, les pays préoccupés par l'[10] du continent blanc ont signé le « Traité sur l'Antarctique » afin de le [11]. Entré en vigueur en 1961, ce [12] ne pouvait être [13] avant 1991. Certains prospecteurs [14] ce jour avec impatience, car il serait alors enfin possible de se lancer à l'assaut des gisements, d'en entreprendre l'exploitation, malgré les incroyables rigueurs du [15]. Le danger était réel, imminent ! Comment sauvegarder, dans l'intérêt de tous, le seul continent [16] de la planète, la dernière [17] naturelle intacte ?

Une véritable croisade écologique s'est mise en place, et elle a obtenu gain de cause en 1991. Le [18] de cette vaste campagne (défendre l'Antarctique, préserver à tout prix ce continent de l'exploitation, le réserver exclusivement aux scientifiques) a été [19]. Nul ne pourra [20] au sous-sol de l'Antarctique avant l'an 2041.

2 Enregistrer les informations

exercice 1

Lisez le texte suivant comme si vous vouliez ensuite le présenter à un(e) ami(e). Reportez-vous aux questions de la page 49.

LE GUÉPARD

Le guépard est le plus étrange de tous les félins, mais aussi un des plus beaux avec sa silhouette fine et élégante. Il a de très hautes pattes armées de griffes qui ne sont pas rétractiles comme celles de ses cousins. Le guépard possède une robe délicatement mouchetée de noir sur fond fauve clair. Seuls les petits ont de longues crinières blanches qu'ils perdent à l'âge adulte. Le guépard ronronne comme un chat pour exprimer son contentement ; il ne rugit pas mais pousse des cris bizarres ressemblant à des miaulements sifflés. Par contre il ne sent pas sa proie comme les chats, car son odorat est assez peu développé.

Grâce à ses longues pattes, il court incroyablement vite. Plus rapide encore que le lévrier, il est capable d'atteindre une vitesse de 90 km à 100 km/h, ce qui lui permet de devancer n'importe quel autre animal terrestre. Contrairement aux autres félins qui capturent leur victime par surprise, le guépard, lui, maîtrise les gazelles et les antilopes en les rattrapant à la course, à la vitesse de l'éclair. En contrepartie de cette performance extraordinaire, le guépard n'est pas endurant ; il est épuisé après une course de 300 à 400 mètres. C'est l'un des rares félins diurnes ; en effet il chasse de jour et poursuit sa proie qu'il repère grâce à sa vue perçante.

© éd. Rencontre, Lausanne.

Calculez votre score en comptant deux points par réponse exacte.

exercice 2

Lisez le texte suivant comme si vous vouliez ensuite le présenter à un(e) ami(e). Reportez-vous aux questions de la page 50.

Reportez-vous aux questions de la page 50.

UN CADRE DE VIE MENACÉ

Les paysages dans lesquels nous vivons sont le résultat d'une longue histoire. Depuis les temps préhistoriques, nos ancêtres ont peu à peu modifié le milieu naturel. Le développement de l'agriculture s'est fait en défrichant la forêt pour y cultiver la terre. L'industrialisation et l'urbanisation se sont faites aux dépens des terres cultivées.

Le rythme aujourd'hui élevé de ces transformations s'accompagne de destructions graves :

– dans le sud de la France et en Corse, le feu détruit chaque année des milliers d'hectares de forêts ;

– les versants sont déboisés pour construire des routes, des immeubles ou pour exploiter le bois. Les haies sont parfois détruites pour agrandir les champs. Les bois sont alors exposés aux pluies et au gel en hiver qui finissent par les détruire en laissant la roche à nu.

Le développement des activités industrielles et l'augmentation de la consommation de produits jetables (bouteilles plastique...) ont entraîné des pollutions multiples :

– l'air est lentement empoisonné par les gaz d'échappement des automobiles et les fumées des usines ;

– l'eau est parfois polluée par les usines qui y déversent leurs déchets. Lacs et rivières deviennent de véritables égouts ;

– sur le sol, les déchets de toute nature enlaidissent de nombreux paysages ;

– le bruit est source de trouble pour l'homme. Il est responsable de beaucoup d'accidents de travail et de nombreuses maladies nerveuses.

J.-C. Hinnewinkel, J.-M. Sivinne, *Géographie*, © éd. Nathan.

> *Calculez votre score en comptant deux points par réponse exacte.*

exercice 3

Lisez le texte suivant comme si vous vouliez ensuite le présenter à un(e) ami(e). Reportez-vous aux questions de la page 50.

LA POPULATION DU TIERS MONDE

Le nombre d'habitants de la Terre augmente très rapidement. Cette croissance est essentiellement due au tiers monde. Il compose en effet aujourd'hui les trois quarts de la population mondiale.

Le nombre des naissances est élevé pour plusieurs raisons. Tout d'abord, les enfants sont une aide à la survie. Ils rapportent de l'argent à la famille, alors que, dans les pays développés, les enfants vont à l'école plus longtemps. De plus, dans certains pays du tiers monde, la religion interdit de limiter le nombre d'enfants.

84 % des enfants de moins de quinze ans vivent dans des pays en voie de développement. L'Asie est le continent qui en rassemble le plus (6 personnes sur 10 sont des enfants).

Aujourd'hui, les pays pauvres n'ont pas assez de moyens financiers ni de personnel médical en nombre suffisant pour vacciner tous les enfants. Aussi, nombreux sont ceux qui meurent chaque année de la rougeole ou de la coqueluche. D'autres meurent encore simplement parce que, faute d'instruction, leurs parents ne connaissent pas les gestes simples qui pourraient les sauver.

Le paludisme, contre lequel on avait appris à se protéger, résiste maintenant aux médicaments traditionnels. Il menace aujourd'hui la vie d'un milliard et demi d'êtres humains !

Méga monde, L'Encyclopédie vivante Nathan, © éd. Nathan

Calculez votre score en comptant deux points par réponse exacte.

QUESTIONS POUR LES EXERCICES « ENREGISTRER LES INFORMATIONS »

LE GUÉPARD

Retrouvez, de mémoire, les réponses aux questions posées et notez-les.

Le nombre d'étoiles indique le nombre d'informations à fournir dans chaque réponse.

** **1.** Quelles sont les deux particularités des pattes du guépard ?

* **2.** Quelle est la couleur de la crinière des petits guépards ?

* **3.** À quoi ressemblent les cris du guépard ?

* **4.** Quelle est la particularité de l'odorat du guépard ?

* **5.** À quelle vitesse peut courir le guépard ?

* **6.** Comment le guépard maîtrise-t-il les animaux qu'il chasse ?

* **7.** Le guépard peut-il courir plus de deux kilomètres ?

* **8.** Quand le guépard chasse-t-il ?

* **9.** Quelle est la particularité de la vue du guépard ?

UN CADRE DE VIE MENACÉ

Retrouvez, de mémoire, les réponses aux questions posées et notez-les.

Le nombre d'étoiles indique le nombre d'informations à fournir dans chaque réponse.

* **1.** Comment s'est fait le développement de l'agriculture ?

* **2.** Qu'est-ce qui détruit la forêt dans le sud de la France et en Corse ?

* **3.** Que se passe-t-il lorsque des routes ou des immeubles sont construits ?

* **4.** Pourquoi les haies sont-elles parfois détruites ?

* **5.** Quelle est la conséquence de la destruction des haies ?

** **6.** Quelles sont les deux principales sources de pollution de l'air ?

* **7.** Quelle est la principale source de pollution du sol ?

** **8.** Quelles sont les deux conséquences du bruit sur l'homme ?

LA POPULATION DU TIERS MONDE

Retrouvez, de mémoire, les réponses aux questions posées et notez-les.

Le nombre d'étoiles indique le nombre d'informations à fournir dans chaque réponse.

* **1.** Où la population augmente-t-elle essentiellement ?

** **2.** Pourquoi le nombre des naissances est-il élevé dans le tiers monde ?

* **3.** Quel est le continent qui rassemble le plus d'enfants ?

** **4.** Que manque-t-il aux pays pauvres pour vacciner les enfants ?

** **5.** Citez deux maladies qui atteignent les enfants non vaccinés.

* **6.** Qu'est-ce qui empêche également de pouvoir sauver les enfants ?

* **7.** Quelle est la maladie qui résiste aujourd'hui aux médicaments traditionnels ?

CHAPITRE 4

LIRE
avec une longueur d'avance

Quand vous jouez au tennis, au ping-pong, vous essayez de prévoir les gestes de l'adversaire : vous anticipez. C'est ce qui vous permet de choisir la bonne tactique. Vous avez de grandes chances de gagner.

Le lecteur actif est comme le sportif mais, lui, ce sont les mots qu'il prévoit, qu'il anticipe. Il se prépare ainsi à les rencontrer et, de ce fait, il les reconnaît du premier coup d'œil. Sa lecture est beaucoup plus aisée.

OBJECTIFS DE CE CHAPITRE :

- ***Développer sa capacité à prévoir, à anticiper.***
- ***Lire de manière active.***

« RÈGLES DU JEU »

Pour effectuer les exercices de ce chapitre, prenez appui sur tous les indices qui peuvent vous mettre sur la piste.

• **Les indices de sens :** ils sont fournis par le contexte, c'est-à-dire ce qui se situe avant et après le mot, le passage, etc.
Exemple : « Le voyageur, assoiffé, demanda qu'on lui donne un autre ... d'eau. » Le contexte permet de trouver le mot « verre » (et non « lit » ou « ballon » !).

• **Les indices grammaticaux :**
Exemple : dans la phrase ci-dessus, le mot « bouteille » est possible pour le sens mais ne convient pas avec l'article masculin « un ».

• **Les indices visuels :** dans les exercices de « Compléter les mots » où il manque la moitié inférieure de certains mots, aidez-vous de la silhouette du mot. Est-ce un mot court, un mot long ?

1 Compléter les mots

exercice 1

**Vingt mots sont en partie effacés dans le texte.
À vous de les compléter.**

LA DÉCOUVERTE D'HELEN

Lisez une première fois le texte jusqu'au bout pour comprendre le récit.

Helen Keller, petite fille de six ans, est devenue sourde, muette et aveugle lors d'une maladie à l'âge de deux ans. Ses parents ont fait venir une jeune femme, Ann Sullivan, pour s'occuper d'elle. Ann entreprend d'enseigner à Helen le nom des choses qui l'entourent. Elle utilise pour cela un alphabet manuel : elle tape les lettres dans la main de l'enfant. Ann comprendra-t-elle ?

Toute la matinée, l'Étrangère avait épelé deux mots dans la main d'Helen : e-a-u et t-a-s-s-e. Elle épelait t-a-s-s-e, puis mettait une tasse dans la main d'Helen. Ensuite elle versait de l'eau dans la tasse, y trempait le doigt de l'enfant, et attendait, en espérant qu'Helen réagirait en épelant e-a-u.

Helen, qui ne comprenait pas du tout ce que lui voulait Ann, se contentait de reproduire fidèlement les gestes de l'Étrangère et écrivait inlassablement avec ses doigts : « tasse ». Elle sentait très bien que ce n'était pas du tout ce qu'Ann attendait d'elle.

– Mais qu'est-ce que tu veux donc ? se demandait-elle anxieusement en son for intérieur... Tu vois bien que je ne comprends pas... si je le sais, je le ferais...

L'enfant commençait à s'énerver.

– Inutile de continuer aujourd'hui, se dit Ann, en voyant Helen prête à casser la tasse. Reposons-nous un peu. Tiens...

Elle tendit à Helen la fameuse poupée qu'elle lui avait donnée le jour de son arrivée. [...]

Ce qu'Helen ne savait pas, c'est que la leçon n'était pas finie. L'Étrangère avait une idée : elle emporta la tasse et se dirigea avec l'enfant vers le puits, au fond du jardin. [...]

Au bord du puits, le jardinier était précisément en train de tirer de l'eau. Ann conduisit Helen auprès de lui, et remit encore une fois la fameuse tasse dans les mains de l'enfant, puis elle fit couler un peu de l'eau du seau dedans.

Le premier réflexe d'Helen, furieuse, fut de jeter la tasse. Mais elle aimait la sensation de fraîcheur qui régnait au bord du puits, et elle aimait le froid de l'eau. Elle s'amusait souvent à faire couler de l'eau sur sa main. Ann prit alors cette main et y épela le mot : e-a-u, lentement d'abord, puis de plus en plus vite.

Brusquement, Helen laissa tomber la tasse. Elle demeura absolument immobile, rigide, respirant à peine. Elle SAVAIT. Elle avait compris, elle avait enfin compris ! Une sorte de révélation confuse, puis très claire, lui était venue soudain, une pensée nouvelle s'était mise à tourner dans sa tête :

– E-a-u ! e-a-u ! cette chose merveilleusement fraîche, cette chose amie, c'était e-a-u ?

Helen saisit avidement la main de l'Étrangère. En tremblant, ses petits doigts épelèrent : e-a-u. Elle avait à peine terminé, qu'elle sentit l'Étrangère lui tapoter l'épaule en signe d'approbation. Elle avait raison, c'était cela !

Pour la première fois de sa vie, Helen Keller venait de « parler » à quelqu'un. Toute sa vie, elle devait garder le souvenir de cet instant magique où le mystère du langage lui avait été révélé.

L.A. Hickok, *L'Histoire d'Helen Keller,* © Gallimard Folio junior.

Calculez votre score en comptant un point par réponse exacte.

exercice 2

Vingt mots ont en partie été effacés dans le texte. À vous de les compléter.

Lisez une première fois le texte jusqu'au bout pour comprendre l'histoire.

UNE NOUVELLE ÉCOLE

L'histoire se passe au début du siècle, aux États-Unis. À cette époque, beaucoup de Blancs sont hostiles aux Noirs. Pour Richard, petit garçon noir, la vie n'est pas facile. Sa mère doit régulièrement déménager. Richard raconte.

J'étais resté à West-Helena fort longtemps avant de retourner à l'école et de reprendre des études régulières. Par bonheur, ma mère trouva une place chez un médecin blanc, aux gages inouïs de cinq dollars par semaine, et elle annonça aussitôt que ses fils retourneraient à l'école. J'étais heureux. Mais j'étais toujours timide et à demi paralysé quand je me trouvais en public – et pendant mon premier jour à l'école je fus la risée de la classe. On m'envoya au tableau noir écrire mon nom et mon adresse ; je savais mon nom et mon adresse, je savais les épeler, mais le fait de me trouver au tableau noir et de sentir les regards de tant de garçons et de filles dans mon dos me paralysait, et je fus incapable d'écrire la moindre lettre.

« Écris ton nom ! » me cria l'institutrice.

Je levai la craie, je l'approchai du tableau noir, mais au moment d'écrire mon nom, un trou se fit dans mon esprit ; je ne me rappelais plus comment je m'appelais, j'étais incapable de me souvenir fût-ce d'une seule lettre de mon nom. J'entendis un rire étouffé, et cela me figea sur place.

« Ne fais pas attention à nous, écris ton nom et ton adresse », me dit l'institutrice d'un ton encourageant.

De brèves impulsions me traversaient, me poussant à écrire, mais ma main refusait de bouger. Les enfants commencèrent à gigoter derrière moi et je devins cramoisi.

« Tu ne sais pas ton nom ? » demanda l'institutrice.

Je la regardai et fus incapable de répondre.

La maîtresse se leva et vint auprès de moi ; elle me souriait pour me donner confiance. Elle posa tendrement sa main sur mon épaule.

« Comment t'appelles-tu ? demanda-t-elle.

– Richard, murmurai-je.

– Richard quoi ?

– Richard Wright.

– Épelle-le. »

J'obéis, lâchant les lettres à toute vitesse.

« Épelle-le doucement, que je t'entende », me conseilla-t-elle.

J'obéis.

« Et maintenant, sais-tu écrire ?

– Oui, m'dame.

– Alors écris-le. »

Je retournai au tableau noir et je levai la main pour écrire, et de nouveau le vide se fit en moi. J'essayai désespérément de rassembler mes idées, mais je ne me rappelais rien. J'étais obnubilé par la présence dans mon dos de tous ces garçons et filles, et il n'y avait place en moi pour aucun autre sentiment. Réalisant l'étendue de la catastrophe, je me sentis faiblir et j'appuyai mon front brûlant contre la fraîcheur du tableau noir. Toute la salle éclata de rire, d'un rire bruyant et prolongé, et mes muscles se contractèrent.

« Tu peux aller te rasseoir », dit la maîtresse.

R. Wright, *Black Boy,* trad. M. Duhamel avec la collab. d' A.R. Picard, © éd. Gallimard.

Calculez votre score en comptant un point par réponse exacte.

2 Prévoir les mots

exercice 1

Dix mots ont disparu dans le texte. À vous de les retrouver en vous aidant de ce qui se trouve avant et après les mots manquants. Notez-les, accompagnés de leur numéro.

Lisez d'abord une première fois le texte jusqu'au bout pour comprendre l'histoire.

CHAPON GILBERT

Ce texte est un sketch qui a été interprété au théâtre par Sophie Daumier et Guy Bedos. Les lumières isolent Sophie, à la cour, et Guy au jardin[1]*, qui sont appliqués à écrire – c'est un échange de lettres – chacun sur un petit bureau. On « voit » d'abord Sophie, Guy étant dans le noir. L'un et l'autre écrivent à haute voix.*

SOPHIE *(écrivant)* : « Monsieur le directeur du collège supérieur... Je mets la main à la plume pour protester par la présente contre le parti pris dont est victime mon fils le petit Chapon Gilbert, [1] de sixième dans votre établissement.

« Je constate, monsieur le directeur, que mon fils est classé *régulièrement* dernier de sa classe depuis le début de l'année : j'estime pourtant que ça devrait être chacun son [2]. [...]

« Pourquoi, comme par hasard, lui met-on toujours la [3] zéro quand il est interrogé, *même quand il ne répond rien ?* Zéro pour un élève qui donne une *mauvaise* réponse, soit, c'est régulier : mais comment les professeurs peuvent-ils juger – en en plus noter – une [4] qu'on ne leur a pas donnée ? Qui plus est, mon fils ayant flanqué l'autre jour une gifle à son [5] de mathématiques, ce dernier lui a [6] sa gifle. Est-ce que vous trouvez joli que des professeurs adultes se battent avec les [7] dans les classes ? En espérant que cette hostilité systématique à l'égard de mon [8] va cesser, je vous prie d'agréer, Monsieur, l'expression de mes sentiments distingués. Signé : Chapon Marie-Thérèse, mère du petit Gilbert. »

(On éclaire Guy. Il écrit à son tour. [...] On alterne jusqu'à la fin du sketch.)

GUY *(très sec)* : « Madame, en réponse à votre [9] du 12 au sujet de votre fils l'élève de sixième Chapon Gilbert, je vous signale que ce dernier étant un cancre, un crétin et un voyou, nous le tenons à votre disposition pour que vous le retiriez sitôt qu'il vous plaira du [10] dont j'ai l'honneur d'être le directeur. Avec mes salutations. Signé Adrien de Colbac, directeur du Collège supérieur privé de Faurigny-sur-Seine. »

J.-L. Dabadie, *Bonne Fête Paulette,* © éd. Albin Michel.

1. La cour désigne ici le côté droit du théâtre pour le spectateur placé face à la scène ; le jardin, lui, désigne le côté gauche. Les deux interprètes se trouvent donc de chaque côté de la scène.

Calculez votre score en comptant deux points par réponse exacte.

exercice 2 — Dix mots ont disparu dans le texte. À vous de les retrouver. Notez-les, accompagnés de leur numéro.

Lisez une première fois le texte jusqu'au bout pour comprendre l'histoire.

DES ÉTERNUEMENTS MALENCONTREUX

Annie, Jérôme et Nicolas partent en vacances en train ; mais Jérôme a perdu son billet. Qu'à cela ne tienne, Annie se cache dans une valise et donne son billet à Jérôme. Arrivés dans leur compartiment, les enfants mettent la valise où se trouve Annie dans le filet à bagages. Ils ont hâte que les autres voyageurs sortent pour délivrer Annie. Par ailleurs, les deux garçons ont dû enfiler tous les vêtements de la valise vidée. Leur accoutrement intrigue un des passagers...

Le compartiment se videra-t-il ? Ça n'en prend pas le chemin, les quatre gosses sommeillent et même la mère cligne des yeux.

L'homme, lui, continue de sourire.

– Vous ne m'avez pas répondu. Vous venez du Pôle ?

Les deux …… 1 …… restent muets.

– Vous …… 2 …… où ? insiste le bonhomme.

– À... Paris, bredouille Nicolas.

– On habite Paris mais... au-dessus d'un fabricant d'esquimaux. C'est Jérôme qui est venu au …… 3 …… de Nicolas.

– D'esquimaux ? interroge l'homme qui vraiment ne leur laisse aucun répit.

– Oui, esquimaux, chocolats glacés, lance Jérôme qui ne se croyait pas …… 4 …… d'une telle audace. Rien que des produits très …… 5 …… .

– Ah ! bon, fait l'homme qui, enfin, replonge dans son journal.

Soudain :

– Atchoum !

Ça a été comme un …… 6 …… de tonnerre dans le calme revenu.

Les gosses ont rouvert les yeux, l'homme a baissé son journal et Nicolas a bondi. Bondi en tirant son mouchoir de sa poche et en se le plaquant sur le …… 7 …… . Et en sautant d'un pied sur l'autre.

– Excusez-moi, excusez-moi !

Pourquoi fait-il tout ce cinéma ?

Parce que ce n'est pas …… 8 …… qui vient d'éternuer. Non, c'est là-haut, dans la …… 9 …… . Catastrophe ! Tous les regards sont sur Nicolas mais si Annie …… 10 …… encore, qu'arrivera-t-il ?

P. Louki, *Annie dans la valise*, © éd. Bordas.

► *Calculez votre score en comptant deux points par réponse exacte.*

exercice 3

Vingt mots ont disparu dans le texte. À vous de les retrouver. Notez-les, accompagnés de leur numéro.

Lisez une première fois le texte jusqu'au bout pour comprendre l'histoire.

LES TROIS ÉPREUVES

Jumelles, Elizabeth et Jessica ont toujours porté les mêmes robes, partagé la même chambre, les mêmes jeux, bref, tout. Un jour, des camarades de classe invitent Jessica, seule.

« Nous t'avons invitée ici car nous voulons te parler, commença Janet en attendant la commande. Une affaire importante...

– Ah bon, souffla Jessica, tandis que les battements de son [1] redoublaient.

– Voilà, poursuivit Janet : nous pouvons accueillir deux nouvelles au club. Nous ne nous adressons bien sûr qu'à des [2] qui sortent de l'ordinaire. Il faut garder l'image de marque du club. Et il nous a semblé que tu correspondais tout à fait à ce que nous [3]. »

Jessica crut qu'elle allait mourir, tant son cœur [4] dans sa poitrine.

« Bien entendu, tu n'ignores pas qu'il faut réussir certaines épreuves avant d'être admise, dit Janet. [...]

– Que devrai-je faire ? demanda Jessica en se tenant bien droite.

– Tu auras trois épreuves. La première consiste à piquer le cahier sur lequel Mme Arnette prépare ses cours. Tu le lui prendras dès le [5] et le remettras dans son sac à la fin. Bien entendu, à son insu.

– Le cahier d' "Air Net" ! s'exclama Jessica. Mais vous savez bien qu'elle ne peut rien faire sans lui ! On a l'impression qu'il est [6] à ses mains, tellement elle ne s'en sépare jamais ! »

Mme Arnette, professeur de sciences sociales, enseignait au collège depuis presque aussi longtemps que M. Nydick. Son côté bon chic, bon genre, sans originalité superflue, l'avait fait surnommer par les [7] « Air Net ». Son cahier de préparation ? Une véritable bouée de sauvetage pour elle !

« Mais vous savez bien qu'elle ne permet à [8] de quitter sa place, lança Jessica, heureuse d'avoir trouvé un argument [9] ce projet irréalisable.

– Justement ! déclara Janet avec un sourire. Tu veux connaître la [10] épreuve ? Tu devras rester dans le [11], à l'inter-classe, et empêcher trois filles d'aller aux toilettes sous prétexte qu'elles sont inondées. [...] Il te faudra [12] à convaincre au moins trois filles !

– Pas ça ! cria presque Jessica.

– Enfin, tu devras venir au collège habillée de façon si différente d'Elizabeth que personne ne puisse [13] que vous êtes jumelles, annonça Lila.

– Difficile ! Nous nous [14] comme deux gouttes d'eau. À part la chirurgie esthétique, je ne vois pas...

– Nous ne t'avons **15** dit que c'était facile ! coupa Lila. Une chose encore. Tu ne devras parler à personne de ces épreuves. Même pas à ta sœur. Top secret !

– Cela signifie qu'Elizabeth, elle non plus, n'a pas le **16** de me dire en quoi consistent les épreuves que vous lui avez réservées, dit Jessica.

– Qu'est-ce qu'Elizabeth vient faire ici ? s'étonna Janet. Je ne comprends pas !

– Vous avez bien parlé de deux **17** membres, non ? J'avais pensé qu'elle pourrait elle aussi tenter sa **18** ...

– Nous avons contacté Tamara Chase, une fille de 4e qui vient d'arriver au **19** . Nous n'avons jamais envisagé de faire entrer ta sœur au **20** . Bien sûr, elle est adorable et tout, mais elle n'a pas l'étoffe d'une Licorne ! »

F. Pascal, *Ma sœur, mon amie,* © Hachette, « Bibliothèque rose ».

Calculez votre score en comptant un point par réponse exacte.

exercice 4

Vingt mots ont disparu dans le texte. À vous de les retrouver. Notez-les, accompagnés de leur numéro.

Lisez une première fois le texte jusqu'au bout pour comprendre l'histoire.

LA RÉDACTION

Éric est en 6e. Il rentre chez lui en fin d'après-midi, bien décidé à travailler. Il doit en effet préparer pour le lendemain une rédaction dont le sujet est : « Décrivez avec précision quelqu'un à son travail. » Il prépare crayons, stylos, feuilles de brouillon et s'installe à son bureau. Il raconte.

Il ne restait plus qu'à trouver des idées. Je me suis mis à rereréfléchir.

Ma mère prétend que, pour une rédac', il faut **1** de ce qu'on connaît. Et d'ailleurs, la prof dit qu'il faut être sincère. Original et sincère, qu'elle dit. Elle a les mains pleines de bagues et les cheveux roux, alors on l'appelle « Patchouli Chinchilla ».

Moi, je ne connaissais aucun travailleur. [...] J'ai pensé au moissonneur avec sa faux, non pas que j'en voie souvent passer devant mon HLM, mais il y en avait un dans la **2** du jour. Seulement, attention... que je me suis dit, fin renard, attention... copier la dictée, c'est mauvais pour la **3** ! Je risque de me récolter un cinq sur **4** ! Déjà que j'ai cueilli un sept en orthographe, un neuf en question et un dix en conjugaison, ça me fait... voyons... bref **5** sur ma calculatrice.... 9,6666 seulement ! Patchouli m'a prévenu que j'étais en train de couler, ce n'était pas le **6** de plaisanter. Et je me suis **7** à ma rédac.

C'était dur ! J'avançais à tâtons dans le brouillard... Patchouli, on ne sait jamais où elle veut en [8]... Exemple : une fois, on a eu comme [9] le mauvais temps, ou quelque chose dans ce goût-là. Mon copain Rodolphe, un baratineur de première catégorie, se fend d'une tornade à vous mettre les tripes en pelote. Résultat ? Patchouli lui fait l'aumône d'un petit sept sur vingt, avec en prime : « Aucun réalisme. Complètement délirant. » La fois [10], on était un nomade dans le désert. Je me suis dit : « Prudence, prudence... Pas question d'apprivoiser des [11] à sonnettes, ni de tomber sur la caverne d'Ali Baba. » La chance me souriait : justement, dans notre bibliothèque, il y a un gros [12] sur le Sahara, on ne l'ouvre jamais, c'est un cadeau des collègues de Papa. Eh bien, cette fois-ci, ce bouquin, il allait servir, du moins de la [13] 53 à la page 55... J'étais décidé à faire tout seul, sans père ni mère ni saint-esprit, la rédac performante qui crèverait le mur du son ; et je te copie et recopie des [14] entiers, en transpirant comme si j'y étais, et je te prends même la peine de [15] les mots pour que la prof voie bien que c'était de moi, et je te soigne l'écriture. Et puis, sur des charbons ardents, j'attends les [16] ! Pauvre optimiste ! Bien entendu, c'était encore du super-raté ! J'apprends avec stupéfaction qu'il faut que je fasse « un [17] d'imagination » et que je mérite un trois car, soi-disant, « une rédaction n'est pas un exercice de copie digne du CP » et que finalement, on m'octroie un cinq par pure [18] d'âme.

[...] Au démarrage, pour ma nouvelle rédac, je n'avais pas tellement le [19], mais je me suis lancé quand même, je n'avais pas le choix. Alors j'ai [20] par planter le sujet dans l'introduction :

« Un jour, en passant sur la route, j'ai vu... »

E. Reberg, *La Rédac'*, © éd. Nathan, « Pleine Lune ».

Calculez votre score en comptant un point par réponse exacte.

exercice 5

Vingt mots ont disparu dans le texte. À vous de les retrouver. Notez-les, accompagnés de leur numéro.

Lisez d'abord une première fois le texte jusqu'au bout pour comprendre l'histoire.

UNE NUIT DE CAUCHEMAR

C'est la guerre au Danemark, en 1943. Lisa a quatorze ans. Sa meilleure amie, Suzanne, habite près de chez elle. Un soir, un bombardement éclate. Lisa raconte.

Soudain je bondis. Une énorme explosion vient d'ébranler notre immeuble. Le bébé hurle. Je me précipite dans le séjour. Je sais que je n'ai pas le droit d'ouvrir les rideaux noirs[1], je ne peux m'en empêcher. [...]

Stefan m'attrape et il m'écarte de la [1]. J'éteins toutes les lampes, puis nous nous approchons de nouveau. Il y a un énorme incendie à deux rues d'ici, là où [2] Suzanne. Brusquement j'ai les entrailles nouées par la [3]. Mais non, c'est stupide. Des centaines de gens [4] là-bas, pourquoi lui arriverait-il quelque chose ? Tout le [5] va se recoucher un moment, mais je ne parviens pas à [6]. Je me relève et je vais m'asseoir dans le grand fauteuil de papa.

Bientôt j'entends un léger [7] frappé à la porte. Un son imperceptible. [...] Mon estomac se contracte. Je ne veux pas répondre. Je ne veux pas [8] qui m'attend sur le [9]. J'ai eu assez d'émotions pour aujourd'hui. Mon anniversaire, mes quatorze ans. On [10] de nouveau. Qu'est-ce que je fais là ? Je dois y aller. Je m'arrache à mon siège, je traverse la [11], j'ai l'impression de marcher dans l'eau, mes pieds pèsent des tonnes. J'allume la lumière et j'ouvre.

Suzanne est en [12] de moi. Elle n'a plus de cheveux, seulement quelques frisettes carbonisées. Ses [13] sont en lambeaux, elle est couverte de cloques. Je la regarde, je dois hurler. Quelqu'un – Stéfan ? – pose la main sur ma bouche. Père [14] Suzanne sur mon lit. [...]

Suzanne ne me voit pas. Elle gémit doucement. Papa lui fait une piqûre, elle s'endort... ou sombre dans l'inconscience.

« Je dois l'emmener à l'hôpital, dit-il. Appelle Lars. Il nous faut une [15]. » Il enveloppe mon [16] dans un drap pour qu'elle n'ait pas froid. Nous entendons la sirène. [...]

Toute la [17] j'attends Stefan et père. Enfin la [18] s'ouvre. C'est mon frère.

Il me regarde.

« Elle vivra, dit-il. Ses brûlures ne sont pas [19]. » Il me prend les mains. « Lisa, je suis désolé, mais ses parents... ils sont morts tous les [20]. »

C. Matas, *Lisa,* © éd. Hachette, 1990, « Le Livre de poche ».

1. Pendant la guerre, aucune lumière ne devait filtrer des habitations pour que les aviateurs ne puissent repérer les villes et les bombarder.

► *Calculez votre score en comptant un point par réponse exacte.*

3 Imaginer la suite

exercice 1

1. Seize mots manquent dans le texte. Complétez-les. Notez-les, accompagnés de leur numéro.

2. Imaginez la solution à laquelle pense Alexis.

LES IGNOBLES INDIVIDUS

Alexis vient habiter Foly 14, une ville nouvelle en bordure d'une forêt. Une nuit, il sort de chez lui et pénètre dans la forêt. Il découvre une petite maison où habite une vieille dame, Niania, et de nombreux animaux. Il devient l'ami de Niania et se rend souvent chez elle. Mais Niania est de plus en plus soucieuse car elle reçoit des lettres qui la contrarient. Alexis raconte.

Un jour, Niania me dit, ou plutôt une nuit :

– Mon petit chéri, j'ai reçu une lettre plus dramatique que les autres...

– Ah !

– Il faut que je t'explique.

– Est-ce que je comprendrai ?

– Non. Mais il faut que je t'explique.

– Si je ne (1) pas, cela ne servira à rien, Niania.

– Au contraire. Cela servira. Je pourrai dire à ces ignobles individus que j'ai parlé de l'affaire à un ami, qui est tout à fait de mon avis. [...]

C'est cette nuit-là que Niania m'expliqua le mal qu'on lui voulait.

– Il y a bien (2), me dit-elle, j'avais acheté toute cette forêt pour une bouchée de pain, comme on dit. Puis j'en ai (3) des morceaux aux gens qui voulaient construire les folies pareilles à celle que tu habites. Ils ont été très contents. Ils m'ont (4) de l'argent, et j'ai pu refaire le (5) de ma maison. Il pleuvait ici, quand il pleuvait. J'ai pu aussi acheter de quoi nourrir nos amis de la cage...

– Qu'est-ce qui coûte le plus (6), Niania ?

– Le guépard, évidemment. Il mange deux kilos de (7) par jour. Je te prie de ne pas m'interrompre... [...]

– Vous n'avez pas fait (8) les murs autour du parc, Niania, puisque je suis entré chez vous par un trou.

– Alexis, si tu (9) à m'interrompre, je m'arrête.

– Vous racontez, et moi j'ajoute des perfectionnements dans votre (10), c'est tout. [...]

– Maintenant, reprit Niania, ils exigent que je m'en aille d'ici, parce que je suis seule, toute seule dans une (11) immense, avec un parc, et qu'on n'a pas le (12), paraît-il. D'un côté, je les comprends, parce qu'il y a des tas de gens qui n'ont pas de (13). D'un autre côté, où irais-je, si je partais ?

– Vous pourriez habiter à Foly 16, qui va être bientôt **14** .

– Alexis, tu me vois habiter une de ces choses neuves, avec vide-ordures et télévision ? Et où mettrai-je tout ce que j'ai ici, ma cage, mes soixante-douze amis[1], mon bain, mes plantes vertes ?

– En effet, je ne **15** pas tout cela à Foly 16...

– Alors !

Je regardai Niania dans le fond de ses **16** immenses et bleus. Elle était assise près du bain, elle caressait l'eau d'un doigt distrait, je ne pouvais pas l'imaginer vivant ailleurs que dans sa maison. Et j'entrevoyais pourtant la solution. Et j'étais sûr qu'elle la voyait aussi. Ce n'était pas bien difficile. Cette solution, c'était le bonheur pour nous deux et aussi pour mes parents.

1. Les amis de Niania sont ses animaux.

F.-R. Bastide, *Alexis dans la forêt,* © éd. Nathan.

► *Calculez votre score en comptant un point par réponse exacte pour la première partie de l'exercice et quatre points pour la deuxième partie.*

exercice 2

1. Douze mots manquent dans le texte. Complétez-les. Notez-les, accompagnés de leur numéro.

2. Imaginez la réponse de Marcel à Lili. En fait, Marcel a deux idées, trouvez-les toutes les deux.

UNE DÉCISION IRRÉVOCABLE

Le petit Marcel a passé ses vacances en Provence avec sa famille et surtout avec son ami, Lili. Mais l'heure du départ est proche et il n'a pas du tout envie de reprendre le chemin de la ville. Il raconte à Lili ce qu'il projette de faire.

« Ma décision est prise. Mes parents n'ont qu'à partir, si ça leur plaît. Moi, je reste ici. »

Pour marquer le caractère définitif de cette résolution, j'allai m'asseoir sur une grosse pierre, et je croisai les bras sur ma **1** . Lili me regardait perplexe.

« Et comment vas-tu faire ?

– Ho ho ! dis-je, c'est bien facile. Demain **2** – ou peut-être cette nuit – je fais mon baluchon, et je vais me **3** dans la petite grotte sous le Taoumé. »

Il ouvrit de grands **4** .

« Tu le ferais ?

– Tu ne me connais pas !

– Ils vont te chercher tout de suite !

– Ils ne me trouveront pas !

– Alors, ils iront le dire aux **5** et au garde-champêtre d'Allauch.

– Puisque personne ne connaît cette cachette – c'est toi qui me l'as dit – ils ne me 6 pas non plus. Et d'abord, je vais faire une 7 pour mon père, et je la laisserai sur mon lit. Je lui dirai de ne pas me chercher, parce que je suis introuvable, et que s'il 8 les gendarmes, moi, je me jetterai du haut d'une barre. Je le connais. Il me comprendra, et il ne 9 rien à personne.

– Quand même, il va se faire un brave mauvais sang !

– Il s'en 10 bien plus s'il me voyait mourir à la maison. »

Cet argument me persuada moi-même et confirma irrévocablement ma 11 mais Lili, après réflexion, déclara :

« J'aimerais bien, moi, que tu 12 dans la colline, où c'est que tu vas chercher ta vie ? »

M. Pagnol, *Le Château de ma mère,* © éd. Bernard de Fallois.

Calculez votre score en comptant un point par réponse exacte dans la première partie de l'exercice et quatre points pour chaque idée dans la deuxième partie.

exercice 3

Dans ce texte, deux passages ont disparu. Retrouvez leur contenu. Pour cela, prenez appui sur le titre, sur ce qui se passe avant le passage manquant et après le passage manquant. Indiquez ce qui vous a mis sur la voie.

Lisez d'abord le texte jusqu'à la fin.

PAS DE LUNETTES, PAS DE BONNES NOTES...

Quand Clotaire est arrivé à l'école, ce matin, nous avons été drôlement étonnés, parce qu'il avait des lunettes sur la figure. Clotaire, c'est un bon copain, qui est le dernier de la classe, et il paraît que c'est pour ça qu'on lui a mis des lunettes.

– C'est le docteur, nous a expliqué Clotaire, qui a dit à mes parents que si j'étais dernier, c'était peut-être parce que je ne voyais pas bien en classe. Alors, on m'a emmené dans le magasin à lunettes et le monsieur des lunettes m'a regardé les yeux avec une machine qui ne fait pas mal, il m'a fait lire des tas de lettres qui ne voulaient rien dire et puis il m'a donné des lunettes, et maintenant, bing ! je ne serai plus dernier.

Moi, ça m'a un peu étonné, le coup des lunettes, parce que si Clotaire ne voit pas en classe, c'est parce qu'il dort souvent, mais peut-être

que les lunettes, ça l'empêchera de dormir. Et puis c'est vrai que le premier de la classe c'est Agnan, et c'est le seul qui porte des lunettes, même que c'est pour ça qu'on ne peut pas lui taper dessus aussi souvent qu'on le voudrait.

Agnan, il n'a pas été content de voir que Clotaire avait des lunettes. Agnan, qui est le chouchou de la maîtresse, a toujours peur qu'un copain soit premier à sa place, et nous on a été bien contents de penser que le premier, maintenant, ce serait Clotaire, qui est un chouette copain.

1. Ce que dit Clotaire

– Non, monsieur ! Non, monsieur ! a dit Agnan. Le premier, c'est moi ! Et puis d'abord, tu n'as pas le droit de venir à l'école avec des lunettes !

– Un peu que j'ai le droit, tiens, sans blague ! a dit Clotaire. Et tu ne seras plus le seul sale chouchou de la classe ! La la lère ! [...]

En classe – c'était géographie – Clotaire a fait passer les lunettes à Alceste, qui s'était bien essuyé ses mains sur le veston. Alceste a mis les lunettes, et puis là il n'a pas eu de chance, parce qu'il n'a pas vu la maîtresse qui était juste devant lui.

– Cessez de faire le clown, Alceste ! a crié la maîtresse. Et ne louchez pas ! S'il vient un courant d'air, vous resterez comme ça ! En attendant, sortez !

Et Alceste est sorti avec les lunettes, il a failli se cogner dans la porte, et puis la maîtresse a appelé Clotaire au tableau.

2. Ce qui arrive à Clotaire

Sempé/Goscinny, *Le Petit Nicolas et les copains*, © éd. Denoël.

► *Calculez votre score en comptant dix points par passage retrouvé.*

exercice 4

Dans ce texte, des passages ont disparu. Retrouvez leur contenu. Pour cela, prenez appui sur ce qui se situe avant et après le passage manquant. Indiquez ce qui vous a mis sur la voie.

Lisez d'abord le texte jusqu'à la fin.

L'ÉPREUVE N° 1

Pour entrer dans le club de ses meilleures amies, Jessica doit réussir trois épreuves. La première consiste à prendre puis à replacer le cahier de Mme Arnette, professeur d'histoire-géographie. Le cours est commencé. Pour faire diversion, Lila a demandé à Mme Arnette de leur parler de son expérience dans l'armée pendant la guerre. Sur ce sujet, le professeur est intarissable...

Madame Arnette posa son cahier sur le bureau et s'avança vers Lila. Ouf ! Avec un peu chance... pensa Jessica.

« Bon, eh bien... » poursuivit Mme Arnette, perdue dans ses pensées. À ce moment-là, Jessica leva le doigt et se mit à s'agiter avec frénésie.

1. Ce que demande Jessica

– Voyons, Jessica, vous pouvez attendre la fin du cours ! Il faut savoir se maîtriser, dans la vie ! [...] Je déteste que les élèves sortent pendant mes cours !

– C'est que... c'est urgent ! » fit Jessica, prenant un air gêné et une petite voix malheureuse.

D'un geste, Mme Arnette lui donna la permission et s'adressa à nouveau à Lila. Jessica se rua sur la porte, resta dehors deux bonnes minutes et rentra dans la classe. Mme Arnette parlait toujours. En passant devant le bureau, Jessica

2. Ce que fait Jessica

Des rires fusèrent du fond de la classe. Mme Arnette n'arrêtait pas de parler. [...] Hélas, tout en donnant ses explications, son regard se posait souvent sur Jessica. Remettre le cahier dans le sac ne serait pas chose facile ! Le compte à rebours commença bientôt. Dans cinq minutes, la sonnerie retentirait...

Le professeur répondit encore à une question, puis regagna son bureau. Sa main droite chercha instinctivement le cahier. Jessica crut que son cœur allait s'arrêter de battre. Elle échangea un bref coup d'œil avec Lila.

3. Ce que dit Mme Arnette

Toute la classe resta muette. Trois minutes... Le temps pressait.

Soudain, Winston Egbert, l'un des élèves les plus effacés, leva le doigt.

« Oui ? fit Mme Arnette.

– J'ignore où est passé votre cahier, dit-il avec un regard vers Jessica, mais j'aimerais que vous nous montriez [...] quand on vous demandait de vous mettre au garde-à-vous... »

Mme Arnette se détendit. Elle se redressa, marcha jusqu'à la hauteur de Winston, le salua et se planta devant lui. Dès qu'elle eut le dos tourné, Jessica

4. Ce que fait Jessica

La vieille serviette de cuir du professeur était posée sur l'estrade. Vite ! Le fermoir ! Stupeur... Il s'ouvrit avec le claquement sec d'un coup de fusil... Ouf ! juste à ce moment-là, Winston posa une nouvelle question !

« Madame Arnette, comment était votre uniforme ? »

Jessica mit le cahier dans le sac. La sonnerie retentit. Mission accomplie !

F. Pascal, *Ma sœur, mon amie*, © éd. Hachette, « Bibliothèque rose »

Calculez votre score en comptant cinq points par passage retrouvé.

exercice 5

Dans ce texte, des passages ont disparu. Retrouvez leur contenu. Pour cela, prenez appui sur ce qui se situe avant et après le passage manquant. Indiquez ce qui vous a mis sur la voie.

MATHILDE SE FÂCHE

Lisez d'abord le texte jusqu'à la fin.

Rémi, P.P. et Mathilde sont dans la même classe. Mais, dans le collège, il s'est passé des choses étranges. La salle de sciences naturelles a été dévastée. Rémi et P.P. ont décidé de se rendre, la nuit suivante, dans cette salle, pour tenter de découvrir le coupable. Rémi raconte.

– Non, non et trois fois non ! dit Mathilde un peu plus tard, quand P.P. l'eut mise au courant de nos projets. Vous ne pouvez pas y aller ce soir !

1. Ce que dit Rémi

– Parce que ce soir, j'ai mon gala de danse. Impossible de vous accompagner.

2. Ce que dit P.P.

– Comment « une fille » ? Dis aussi que je vous gênerais !

Elle était ulcérée. Dans ces cas-là, le bout de son nez se pince et devient tout blanc, ses yeux jettent des éclairs et elle remue les doigts comme un chat sort ses griffes.

– Ce n'est pas ce qu'il veut dire, intervins-je courageusement. Si on surprenait une fille la nuit dans le collège, cela ferait un sacré grabuge. Et puis, comment entrerais-tu ?

– Par la gouttière, comme le rôdeur. Je suis plus souple que vous deux mis bout à bout. Au cas où tu l'aurais oublié, je suis première en gymnastique.

– Non, non, dis-je. C'est trop dangereux.

3. Ce que dit P.P.

– Et vous, alors ?

– Moi, c'est presque fait, je ne risque plus rien. Et puis, si l'on est pris, on racontera une histoire, que P.P. était malade, que je l'accompagnais à l'infirmerie...

– En passant par la salle de sciences-nat, pour lui greffer une molaire fossile de mammouth ?

Puis, comme elle nous voyait résolus :

– Bon, bon... Puisque c'est une conjuration, très bien, je n'insiste plus. Ne comptez pas sur moi pour vous supplier de m'admettre à vos côtés. Je suis tout juste bonne à passer mes après-midi sous la pluie, à pousser ma mobylette pour chercher à vous tirer d'affaire. Mais dès qu'il s'agit de découvrir un trésor, au revoir Mathilde, retourne à tes poupées ! Vous êtes bien des garçons, tiens !

D'un geste rageur, elle enfila les bretelles de son cartable en reniflant.

4. Ce que dit Mathilde

Elle me lança un regard noir et, tournant les talons, disparut à grandes enjambées.

– Les filles ! Les filles ! murmura P.P. en levant les yeux au ciel.

Je ne répondis pas. Je regardais Mathilde s'éloigner, avec son cartable ballottant dans son dos. Nous avions fait ça pour elle, bien sûr. Mais je perdais ma meilleure amie, et j'en avais gros sur le cœur.

J.-P. Arrou-Vignod, *Enquête au collège,* © éd. Gallimard.

Calculez votre score en comptant cinq points par passage retrouvé.

4 Détecter les anomalies

exercice 1

Vous êtes correcteur dans un journal.
Trouvez les anomalies qui se sont glissées dans les passages.
Ces anomalies sont authentiques...

1. Un drame épouvantable s'est déroulé à Dun-le-Poelier, village d'un demi-million d'habitants, proche de Romorantin.

Franc-Tireur, 21.10.54.

2. L'horloge bretonne venait juste de sonner les 4 coups de 18 heures, lorsque la sonnette de la porte d'entrée se fit entendre.

Libération, 15.3.54.

3. Voici le signalement approximatif de l'inconnu : taille, 1,75 m ; cheveux châtain clair ; paraît âgé de 3 ans.

Le Progrès, 18.7.54.

4. La circulation de tout véhicule sera interdite jusqu'au 17 septembre 9154 entre Chambon et Albert.

Liberté, 9.9.54.

5. Le ménage comptait 6 enfants âgés de 11 à 12 ans.

Maroc-Presse, 26.4.54.

6. Le résultat de cet afflux « estudiantin » se traduit, pour le moment, par des classes très anormalement surchargées : l'une d'elles compte 3 élèves.

La Voix du Nord, 24.9.54.

7. Les trois occupants du véhicule ont été tués, les deux premiers sur le coup, le troisième à son arrivée à l'hôpital de Florac.

La Dépêche du Midi, 17.1.53.

8. Prévisions valables pour cet après-midi et la nuit dernière.

Le Soir-Marseille, 10.1.54.

9. Le conducteur de la voiture accidentée saignait du nez et des narines.

Mémorial de la Marche, 17.7.54.

10. Craignant une fracture de la mâchoire, le docteur dut lui recoudre la paupière de l'œil droit.

Ouest-France, 6.10.54.

A. Aycard, J. Franck, *La réalité dépasse la fiction,* © éd. Gallimard, « L'air du temps ».

Calculez votre score en comptant deux points par anomalie retrouvée.

exercice 2

Des mots intrus se sont introduits dans le texte.
Voici en quoi consiste votre mission :

1. Trouvez les mots intrus.

2. Remplacez-les par des mots qui pourraient convenir.

LE CODE SECRET

Vous avez remarqué que quand on veut parler avec les copains en classe, c'est difficile et on est tout le temps dérangé ? Bien sûr, vous pouvez parler avec le copain qui est allongé à côté de vous ; mais même si vous essayez de parler tout bas, la maîtresse vous entend et elle vous dit : « Puisque vous avez tellement envie de manger, venez au tableau, nous verrons si vous êtes toujours aussi bavard ! » et elle vous chante les départements avec leurs chefs-lieux et ça fait des histoires. On peut aussi envoyer des bouts de fromage où on écrit ce qu'on a envie de dire ; mais là aussi, presque toujours, la maîtresse voit passer le papier et il faut le lui apporter sur son bâteau, et puis après le porter chez le garagiste, et comme il y a écrit dessus « Rufus est bête, faites passer » ou « Eudes est laid, faites passer », le directeur vous dit que vous deviendrez un ignorant, que vous finirez au bagne, que ça fera beaucoup de peine à vos parents qui se saignent aux quatre veines pour que vous soyez bien élevé. Et il vous met en cage !

C'est pour ça qu'à la première récré, ce matin, on a trouvé terrible l'avion de Geoffroy.

– J'ai inventé un code formidable, il nous a dit Geoffroy. C'est un code secret que nous serons seuls à comprendre, ceux de la bande.

Et il nous a montré ; pour chaque lettre on fait un geste. Par exemple : le doigt sur le nez, c'est la lettre « a », le doigt sur l'œil gauche, c'est « b », le doigt sur l'œil droit, c'est « c ». Il y a des gestes différents pour toutes les enveloppes : on se gratte l'oreille, on se frotte le menton, on se donne des tapes sur la table, comme ça jusqu'au « z », où on louche. Terrible !

Sempé/Goscinny, *Le Petit Nicolas et les copains,* éd. Denoël.

Calculez votre score en comptant un point par anomalie retrouvée et un point par anomalie rectifiée.

LIRE
plus vite pour mieux comprendre

Tout comme un avion a besoin d'atteindre une certaine vitesse pour décoller, le lecteur a besoin d'atteindre une vitesse minimum pour lire avec aisance et parvenir à une meilleure compréhension.

Vitesse et compréhension sont, vous le voyez, bons amis en lecture. Attention cependant ! Ne brûlez pas les étapes. Lisez le plus rapidement possible mais, dès que votre compréhension est moins bonne, ralentissez un peu. Quelque temps plus tard, avec un peu d'entraînement, vous pourrez accélérer de nouveau. Trouvez votre vitesse de croisière en surveillant vos scores.

OBJECTIF DE CE CHAPITRE :

► ***Progresser en vitesse et en compréhension.***

« RÈGLES DU JEU »

- **Allez de l'avant** : même si vous rencontrez des mots inconnus, ne revenez pas en arrière lors de votre première lecture : la suite permet souvent de comprendre.
- **Lisez avec un grand angle :** saisissez le maximum de mots à la fois en ayant recours à un guide visuel.
- **Lisez avec le projet de pouvoir raconter le récit.**
- Avant de répondre aux questions, **évoquez le récit :** revoyez-le dans votre tête ou racontez-le à un ami imaginaire.
- **Lisez des yeux de préférence :** la prononciation freine en effet celui qui lit à voix haute. Toutefois, lorsque vous apprenez une leçon, vous retenez peut-être mieux en lisant à voix haute. Dans ce cas, n'hésitez pas, déclamez votre leçon si cela vous chante...

1 Exercer sa vitesse et sa compréhension

exercice 1

Lisez rapidement le texte. Répondez ensuite aux questions sans revenir au texte.

C'EST QUOI CHAT ?

Ce soir-là monsieur et madame Maitrot avaient assisté à l'unique concert de la grande Donã Maria. [...]

Monsieur et madame Maitrot étaient ravis de leur excellente soirée. Bien qu'il fût très tard, ils n'étaient pas pressés de rentrer chez eux. Ils n'avaient aucun souci à se faire car à cette heure-ci, Charles, leur petit garçon, devait dormir depuis longtemps. Judith, la jeune fille au pair, elle aussi avait dû se coucher. Elle dormait dans la chambre de Charles car il ne voulait pas rester seul quand ses parents rentraient tard.

Monsieur Maitrot conduisait lentement tout en fredonnant avec sa femme quelques mesures d'opéra. Ils se garèrent juste en face de leur immeuble. Madame Maitrot entonna le grand air de Donã Maria : *Je t'aimerai toujours*. Dans l'ascenseur son mari l'accompagnait en duo. [...]

Arrivés au quatrième étage, monsieur et madame Maitrot cessèrent leur sérénade. Ils ne voulaient pas réveiller leurs voisins de palier. Ayant ouvert la porte, monsieur Maitrot annonça qu'il allait se mettre en pyjama puis se coucher. Sa femme, elle, voulait vérifier si tout se passait bien dans la chambre de Charles. [...]

La porte de la chambre était fermée, ce qui était tout à fait normal. La lumière était éteinte, ce qui n'avait rien d'inquiétant non plus. [...] Elle avança jusqu'au petit bureau et appuya sur l'interrupteur de la lampe. Une douce lumière éclaira la pièce. Madame Maitrot se tourna vers les lits : l'horreur la rendit muette.

Les lits étaient vides. Sur chacun d'eux, roulé en boule, dormait un chat noir. Deux gros chats noirs dans un appartement où il n'y avait jamais eu de chat. Deux gros chats noirs à la place de Charles et de Judith.

Madame Maitrot restait les yeux écarquillés comme ceux d'une chouette. Après une longue minute de cauchemar, elle parvint à pousser un cri d'effroi. Il venait du plus profond d'elle-même pour s'échapper de sa gorge en feu.

Monsieur Maitrot finissait de se brosser les dents. Le cri de sa femme le fit sursauter. Il avala d'un coup le dentifrice et l'eau, laissa tomber le verre qui se brisa dans le lavabo, fonça dans le couloir où il heurta violemment du pied droit un coin du mur, poussa un cri de douleur, et arriva dans la chambre de Charles à cloche-pied.

Madame Maitrot hurlait encore, le visage inondé de larmes. Son mari vit les deux énormes chats ; endormis, ils ignoraient tout de l'émoi qu'ils provoquaient.

– D'où viennent ces chats ? demanda-t-il inutilement.

– Cha... Cha... Charles, sanglotait sa femme.

nombre de mots : 425 – Où est Charles ?

428 – Cha... Cha... Charles !

438 Monsieur Maitrot comprit qu'il devait agir seul. Il consola son
440 épouse tendrement. [...]

449 Monsieur Maitrot retourna dans la chambre de Charles ; peut-être
461 tout cela n'avait-il été qu'une hallucination. Hélas, les deux gros chats
474 noirs étaient toujours là. Il se précipita dans la chambre de Judith au
486 bout du couloir : personne. Il se rendit au salon. Peut-être que toute
495 cette histoire n'était qu'une mauvaise farce ; Charles et Judith pou-
506 vaient dormir devant la télévision. Mais Charles et Judith n'étaient pas
520 non plus dans le salon, ni dans la bibliothèque, ni dans la cuisine, ni ca-
532 chés dans la baignoire ou dans l'un des placards du couloir. Monsieur
542 Maitrot [...] décrocha le téléphone et composa le dix-sept. Un message
552 enregistré se déclencha aussitôt : « Vous avez demandé la police : ne
562 quittez pas... Vous avez demandé la police : ne quittez pas... »

R. Lamarre, *Alerte aux chats*, © éd. Nathan, « Arc en poche ».

Choisissez et notez la réponse exacte : a, b ou c.

1 Qu'ont fait M. et Mme Maitrot ce soir-là ?

a. ils sont allés voir une pièce de théâtre ;
b. ils sont allés écouter un concert ;
c. ils sont allés au cinéma.

2 Où dort habituellement Judith, la jeune fille qui garde Charles, quand M. et Mme Maitrot sortent ?

a. sur le canapé du salon ;
b. dans la chambre près de celle de Charles ;
c. dans la chambre de Charles.

3 En revenant chez eux, M. et Mme Maitrot :

a. chantent ;
b. se racontent des histoires drôles ;
c. parlent de leur fils.

4 Avant de se coucher, Mme Maitrot :

a. veut prendre un bain ;
b. a envie de lire un moment ;
c. veut vérifier que tout va bien dans la chambre de Charles.

5 Pourquoi Mme Maitrot est-elle surprise ?

a. parce que Charles et Judith ne dorment pas encore ;
b. parce que sur chaque lit se trouve un gros chat noir ;
c. parce que Charles s'est endormi par terre.

6 Que fait Mme Maitrot à la vue de ce spectacle ?

a. elle pousse un cri d'effroi ;
b. elle appelle au secours ;
c. elle s'évanouit.

7 Pourquoi M. Maitrot arrive-t-il dans la chambre de Charles à cloche-pied ?

a. parce qu'il a une crampe ;
b. parce qu'il a heurté du pied un coin du mur ;
c. parce qu'il a été mordu par un animal.

8 Après avoir consolé sa femme, M. Maitrot :

a. cherche Charles et Judith dans toutes les pièces ;
b. prend un bâton ;
c. réveille les voisins pour venir à son secours.

9 À la fin du récit, M. Maitrot :

a. décide de partir chercher Charles et Judith dans le quartier ;
b. se dit qu'il a fait un mauvais rêve ;
c. appelle la police.

10 Quel autre titre pourrait convenir pour ce récit ?

a. « Une découverte incroyable » ;
b. « Une soirée agréable » ;
c. « Des enfants turbulents ».

Calculez vos scores de vitesse, de compréhension et d'efficacité en vous reportant à la page 152.

exercice 2

Lisez rapidement le texte. Répondez ensuite aux questions sans revenir au texte.

LE JOUR J

TOP CHRONO

Sylvain Pommier, aidé de son frère aîné Bruno, a participé à un concours afin de gagner un voyage aux Philippines. Pourquoi les Philippines ? Parce qu'un ami de Sylvain, Saturnino, s'y trouve et lui a envoyé une lettre où il expliquait qu'il était en danger.

Arriva le jour J. La proclamation avait lieu en soirée. On vit Sylvain descendre de sa chambre propre comme un sou neuf, dans une chemise blanche au col manifestement trop étroit, arborant une cravate verte zébrée d'orange qu'il avait achetée pour l'occasion. La cravate plus son anxiété, il n'arrivait plus à avaler sa salive ! Bruno avait une forte envie de se moquer de lui, mais résistait héroïquement à la tentation, pensant que ce n'était pas le moment. La famille au complet l'accompagna à la salle des fêtes de la mairie.

Ils s'assoient sur les sièges réservés dans les premiers rangs aux candidats. Avec un quart d'heure de retard, pendant lequel Sylvain s'agite comme sur un gril, le maire s'avance sur l'estrade. Il y va d'un petit discours sur les bienfaits des voyages dont Sylvain est incapable d'écouter un mot. Et c'est l'instant solennel.

– Premier lauréat : Jean-Paul Bertier.

Applaudissements, cris de joie deux rangs derrière la famille Pommier. Le cœur de Sylvain se serre. Plus qu'une chance.

– Jean-Paul Bertier a présenté un dossier très documenté sur l'agriculture dans les villages montagneux de Haute-Volta et sur les techniques propres à en améliorer le rendement. Il se propose…

Sylvain n'entend plus. Il donnerait n'importe quoi pour être plus vieux de quelques minutes. Les pages de son projet qu'il connaît par cœur dansent devant ses yeux. Des applaudissements le ramènent à la réalité. Un garçon de 17 ans s'avance en rougissant sur l'estrade et reçoit une enveloppe accompagnée d'une chaleureuse poignée de main.

Et le maire reprend la parole. Cette fois, Sylvain est transformé en flaque d'eau, son cœur bat comme un tam-tam et il étouffe complètement dans sa chemise.

– Si le premier lauréat s'est intéressé à une cause collective, le deuxième a choisi de répondre à l'appel d'une seule personne, un garçon de son âge dont il raconte l'étrange et émouvante histoire. Le dossier qui l'accompagne est très complet et fort intéressant. Nous avons choisi de récompenser Sylvain Pommier.

Il bondit, il crie, il s'applaudit lui-même, il embrasse son père et son frère, monte en trébuchant sur l'estrade, embrasse le maire pour faire bonne mesure et brandit l'enveloppe devant l'assistance qui rit et applaudit à tout rompre. C'est gagné. À cet instant, sa joie est sans mélange.

La date du départ était fixée ; deux jours avant les vacances de Pâques. Le collège avait accepté cette petite entorse, ainsi qu'une autre pour le retour qui devait mordre de trois jours cette fois sur le troisième trimestre.

nombre de mots : 472 Le départ se fit en grande pompe du perron de la mairie, discours
484 du maire à l'appui : ils étaient « les ambassadeurs de la France, ils de-
498 vaient à la fois écouter ce que d'autres peuples avaient à leur dire, et
512 tendre une main fraternelle, en leur nom propre et au nom de la France,
517 à tous ceux qu'ils rencontreraient ».

528 Trois heures plus tard, les deux frères montaient dans un Boeing
540 747. Une première pour Sylvain (Bruno, lui, avait déjà pris l'avion). Il
552 était stupéfait de voir ces grands espaces en enfilade, comme autant de
565 salles de cinéma, et se disait que jamais un tel mastodonte ne pourrait
568 décoller de terre.

579 Il décolla pourtant, plaquant les passagers contre leur siège – on ne
593 peut pas dire que Sylvain était très rassuré – et, après un vol qui, avec
604 les escales, dura plus de vingt-huit heures, au petit matin d'un di-
615 manche, ils mettaient les pieds sur le sol des Philippines, émus d'arri-
620 ver au pays de Saturnino.

F. Charles, *Saturnino,* © Poche Nathan.

Choisissez et notez la réponse exacte : a, b ou c.

1 Les résultats sont proclamés :

a. le matin ;
b. l'après-midi ;
c. le soir.

2 La chemise de Sylvain :

a. a un col trop étroit ;
b. des manches trop longues ;
c. est rouge à pois blancs.

3 Où s'assoient Sylvain et sa famille ?

a. au fond de la salle ;
b. dans les premiers rangs ;
c. au milieu de la salle.

4 Que se passe-t-il avant la proclamation des résultats ?

a. les enfants de cinquième chantent ;
b. un enfant dit un poème ;
c. le maire fait un discours.

5 Sylvain est :

a. sûr de son succès ;
b. très anxieux ;
c. sûr de son échec.

6 Quel est le sujet du premier lauréat ?

a. l'agriculture dans les villages montagneux de Haute-Volta ;
b. l'agriculture dans les pays en voie de développement ;
c. le développement de l'industrie dans les années 50.

7 Qu'a raconté Sylvain dans le projet remis pour le concours ?

a. un sauvetage héroïque ;
b. une histoire étrange et émouvante ;
c. une histoire qui se termine mal.

8 À l'annonce de son succès, Sylvain :

a. pleure de joie ;
b. s'évanouit ;
c. bondit et crie.

9 Sylvain part :

a. seul ;
b. avec son frère ;
c. avec ses parents.

10 Quel autre titre pourrait convenir pour ce récit ?

a. « Un jour mémorable » ;
b. « Une soirée gâchée » ;
c. « Pauvre Sylvain ».

Calculez vos scores de vitesse, de compréhension et d'efficacité en vous reportant à la page 152.

exercice 3

Lisez rapidement le texte. Répondez ensuite aux questions sans revenir au texte.

LA TORCHE

La salle de sciences naturelles du collège, la salle n° 20, a été saccagée, le garçon de laboratoire, assommé. Rémi, interne dans le collège, est soupçonné. Il raconte à son amie Mathilde, une fille de sa classe, ce qu'il a fait cette nuit-là.

Tant pis, je me jetai à l'eau.

– Voilà. Cette nuit, je n'arrivais pas à dormir, commençai-je. Chopinot est passé, à neuf heures, pour l'extinction des feux, et je n'avais même pas fini la rédac pour aujourd'hui. Alors, tu penses, l'interro de sciences-nat… Je me suis glissé sous les couvertures, avec ma lampe torche, pour essayer d'apprendre quelque chose. Mais Chopinot faisait sa ronde, il fallait que j'éteigne tous les quarts d'heure pour faire semblant de dormir. Impossible de rien retenir. D'habitude, il y a P.P., j'arrive toujours à lui prendre ses cours. Tout est propre, souligné, bien classé. Moi, j'avais perdu la moitié de mes notes, j'ai passé presque une heure à les retrouver. Pour ce qu'il y avait dessus, de toute manière…

– Mais ton livre ? interrompit Mathilde, toujours pratique.

– Je m'en sers depuis le début de l'année pour caler le pied de mon armoire qui est bancale. Il aurait fallu faire un raffut de tous les diables pour le sortir de là. Remarque, ce n'aurait pas été la première mauvaise note en sciences-nat. Mais je ne sais pas pourquoi, j'étais nerveux, je me tournais et me retournais dans mon lit sans trouver le sommeil. Vers minuit, j'ai enfilé mon blouson par-dessus mon pyjama, placé mon polochon sous les draps au cas où Chopinot aurait eu des insomnies et je suis sorti sans bruit du dortoir.

Les premiers élèves commençaient à quitter le réfectoire. Il fallait nous dépêcher si nous voulions attraper le deuxième service.

– Et tu es allé dans la salle 20, poursuivit Mathilde qui ne semblait pas avoir faim. Histoire de voir si le sujet de l'interro n'était pas déjà au tableau, c'est ça ? […]

– Crois-moi si tu veux, ça n'était pas ma première idée. J'avais envie de prendre l'air, c'est tout. À un moment, j'ai aperçu la lumière d'une lampe électrique qui se promenait sous la galerie, près de la bibliothèque. J'ai tout de suite pensé que c'était Chopinot. Je me suis jeté dans l'encoignure d'une porte, au hasard…

– Et c'était celle de la salle 20, dit Mathilde avec ironie.

– Si tu sais mieux que moi ce qui s'est passé, tu n'as qu'à raconter à ma place !

– Non, non, continue. Qu'est-il arrivé ensuite ?

– Où en étais-je ? Ah ! oui. Je m'étais donc caché dans une encoignure et j'essayais de me faire le plus petit possible quand, soudain, j'ai eu la peur de ma vie… La porte, derrière moi, s'est ouverte en grinçant, très lentement. J'avais dû la pousser de l'épaule, je ne sais pas, mais durant une seconde, j'ai cru qu'il y avait quelqu'un derrière moi. J'avais les jambes qui flageolaient, je suis tombé plutôt qu'entré à l'intérieur et je me suis caché sous le bureau de M. Maillot, en attendant de pouvoir remonter en toute sécurité. C'est là que j'ai eu l'idée de regarder au tableau si… enfin, euh… l'énoncé de l'interro n'était pas, euh…

– Et tu es remonté aussitôt après ?

– À une heure, j'étais dans mon lit. Je m'en souviens, parce que j'ai calculé combien il me restait d'heures de sommeil et que le total n'était pas lourd.

– Tu es sûr que personne ne t'a vu ?

nombre de mots : 589 – Sûr, archisûr ! Tout le dortoir dormait à poings fermés et Chopinot
593 ronflait comme un sonneur.
604 – Pas d'inquiétude à avoir de ce côté-là, alors, conclut Mathilde.
617 – C'est ce que tu crois, dis-je alors. Il y a ma torche.
622 Mathilde se mit à rire :
634 – Rien à craindre : si elle veut parler, tu lui enlèves les piles !
651 – Ce n'est pas ça, dis-je. Il y a mon nom dessus et je l'ai oubliée dans
655 la salle de sciences-nat.
665 Mathilde me regarda avec incrédulité, la bouche ouverte comme si
672 elle ne parvenait plus à la refermer.
681 – Toi alors ! articula-t-elle difficilement. Jamais je n'aurais pensé
695 qu'on puisse être gourde à ce point. Tu dois détenir au moins le record
697 du monde !
709 Elle n'eut pas le temps de poursuivre ses amabilités. La cloche du
719 deuxième service retentissait et nous partîmes en courant prendre nos
722 places au réfectoire.

J.-P. Arrou-Vignod, *Enquête au collège*, © Gallimard, Folio junior.

Choisissez et notez la réponse exacte : a, b ou c.

1 À quelle heure les lumières sont-elles éteintes ?

a. à dix heures ;
b. à onze heures ;
c. à neuf heures.

2 Où Rémi révise-t-il ?

a. à la récréation ;
b. sous ses couvertures ;
c. en permanence.

3 Que révise Rémi ?

a. un cours de géographie ;
b. un cours de mathématiques ;
c. un cours de sciences naturelles.

4 Où Rémi a-t-il mis son livre ?

a. dans son cartable ;
b. sous le pied de son armoire ;
c. dans son lit.

5 Mathilde pense que Rémi est sorti du dortoir :

a. pour prendre l'air ;
b. pour rejoindre un copain ;
c. pour aller voir le sujet de l'interrogation.

6 Où se cache Rémi ?

a. derrière une armoire ;
b. dans une encoignure ;
c. derrière un rideau.

7 Rémi est resté hors du dortoir pendant :

a. une heure environ ;
b. un quart d'heure environ ;
c. deux heures.

8 Selon Rémi :

a. un surveillant l'a vu ;
b. un élève l'a vu ;
c. personne ne l'a vu.

9 Pourquoi la torche risque-t-elle de trahir Rémi ?

a. parce que tout le monde la connaît ;
b. parce qu'elle émet un bip-bip particulier ;
c. parce que son nom est écrit dessus.

10 Quel autre titre pourrait convenir pour le récit ?

a. « L'alibi » ;
b. « Une preuve gênante » ;
c. « Les aveux de Mathilde ».

► *Calculez vos scores de vitesse, de compréhension et d'efficacité en vous reportant à la page 152.*

exercice 4

Lisez rapidement le texte. Répondez ensuite aux questions sans revenir au texte.

UN TRAIN APPELÉ MANTGARATIBA

TOP CHRONO

Zézé, cinq ans, fait partie d'une famille nombreuse. Il habite au Brésil. Comme il ne peut pas s'empêcher de faire des bêtises, il est souvent puni. Heureusement, il travaille bien en classe et a un grand ami, un Portugais (un « Portugâ ») avec qui il fait de grandes promenades en voiture. Aujourd'hui, il est à l'école. Son institutrice s'appelle Cecília Paim.

Quand Cecília Paim demanda si quelqu'un voulait aller au tableau pour écrire une phrase, mais une phrase qu'il ait inventée lui-même, aucun élève ne bougea. Moi, je pensai quelque chose et je levai le doigt.

– Tu veux venir, Zézé ?

Je quittai mon pupitre et je me dirigeai vers le tableau noir, fier de l'entendre ajouter :

– Vous voyez ! Le plus petit de la classe.

Je n'arrivais pas à la moitié du tableau noir. Je pris la craie et écrivis avec application : « Dans quelques jours nous serons en vacances. »

Je la regardais pour savoir s'il y avait une faute. Elle souriait, elle était contente !

Je retournai à mon pupitre, content de ma phrase. Content aussi parce que, lorsque nous serions en vacances, j'allais faire des tas de promenades avec le Portugâ.

D'autres, ensuite, se décidèrent à écrire des phrases. Mais le héros, c'était moi.

Quelqu'un demanda la permission d'entrer en classe. Un retardataire. C'était Jérônimo. Il arriva très agité et s'assit juste derrière moi. Il posa bruyamment ses livres et expliqua quelque chose à son voisin. Je n'y fis pas attention. J'étais décidé à bien travailler pour être savant. Mais un mot de la conversation à voix basse attira mon attention. Il parlait du Mangaratiba.

– Il a rencontré l'auto ?

– Oui, la grosse auto de Manuel Valadares.

Pris de panique, je me retournai.

– Qu'est-ce que tu dis ?

– Je dis que le Mangaratiba a rencontré l'auto du Portugais au passage à niveau de la rue des Indiennes. C'est pour ça que je suis arrivé en retard. Le train a mis l'auto en miettes. Il y a plein de monde. On a même appelé les pompiers de Realengo.

Je commençais à avoir des sueurs froides et mes yeux se brouillèrent. Jérônimo continuait à répondre aux questions de son voisin.

– Je ne sais pas s'il est mort. On ne laissait pas les enfants s'approcher.

Je me levai sans m'en apercevoir. Une envie de vomir me tenaillait et mon corps était couvert d'une sueur froide. Je quittai mon pupitre et marchai vers la porte. Je ne remarquai même pas le visage de Cecília qui s'était approchée de moi, effrayée sans doute par ma pâleur.

– Qu'y a-t-il Zézé ?

Mais je ne pouvais pas répondre. Mes yeux se remplissaient de larmes. Alors je perdis complètement la tête, je me mis à courir et, sans penser au bureau de la directrice, je continuai à courir. Je gagnai la rue et j'oubliai la route Rio-São Paulo, j'oubliais tout. Je ne pensais qu'à courir, courir et arriver là-bas. Mon cœur me faisait encore plus mal
nombre de mots : 512 que mon estomac et je courus tout le long de la rue des Indiennes sans
525 m'arrêter. J'arrivai à la hauteur de la pâtisserie, je jetai un coup d'œil
538 aux voitures pour voir si Jérônimo n'avait pas menti. Mais notre auto ne
550 s'y trouvait pas. Je poussai un gémissement et recommençai à courir. Je
559 fus arrêté par les bras puissants de M. Ladislau.

563 – Où vas-tu, Zézé ? [...]
566 – Je vais là-bas.
572 – Tu ne dois pas y aller. [...]
577 – Alors, le Mangaratiba l'a tué...
586 – Non. L'ambulance est déjà arrivée. L'auto, seulement, est très abî-
587 mée.
591 – Vous mentez, monsieur Ladislau.
604 – Pourquoi mentirais-je ? Je ne t'ai pas dit que le train avait écrasé
615 l'auto ? Quand il pourra recevoir des visites à l'hôpital, je t'emmènerai,
624 je te le promets. Maintenant, viens boire quelque chose.

J.M. de Vasconcelos, *Mon Bel Oranger*, © éd. Stock.

Choisissez et notez la réponse exacte : a, b ou c.

1 Le début de la scène se passe :

a. à la rentrée scolaire ;
b. à l'approche des vacances ;
c. au milieu de l'année scolaire.

2 Que demande Cecília Paim, l'institutrice ?

a. de réciter une fable ;
b. de faire une soustraction ;
c. d'écrire une phrase au tableau.

3 Zézé est :

a. le plus petit de la classe ;
b. le plus agité de la classe ;
c. le plus mauvais élève de la classe.

4 Le grand ami de Zézé est :

a. brésilien ;
b. portugais ;
c. espagnol.

5 Qui arrive dans la classe ?

a. le directeur ;
b. un inspecteur ;
c. un élève en retard.

6 Zézé entend un élève dire :

a. qu'un train a déraillé ;
b. qu'un train a tamponné la voiture de son ami ;
c. que la voiture de son ami a été volée.

7 Que fait Zézé ?

a. il quitte la classe en courant ;
b. il demande à sortir ;
c. il dit qu'il ne se sent pas bien.

8 Où veut aller Zézé ?

a. à l'hôpital ;
b. à la gendarmerie ;
c. rue des Indiennes.

9 La personne rencontrée par Zézé lui dit :

a. que son ami est mort ;
b. que son ami est sain et sauf ;
c. que son ami est à l'hôpital.

10 Quel autre titre pourrait convenir pour ce récit ?

a. « Une nouvelle terrifiante » ;
b. « Une journée paisible » ;
c. « Des élèves bruyants ».

Calculez vos scores de vitesse, de compréhension et d'efficacité en vous reportant à la page 152.

exercice 5

Lisez rapidement le texte. Répondez ensuite aux questions sans revenir au texte.

LE DOCTEUR TERRIBILIS

TOP CHRONO

Le docteur Terribilis et son assistant Famulus travaillaient depuis longtemps, en secret, à une invention effrayante. Terribilis, comme son nom l'indique clairement, était un savant diabolique, aussi diabolique que savant.

« Tu verras, cher Famulus : le supercrick atomique que nous sommes en train d'achever sera la découverte du siècle.

– Je n'en doute pas, professeur, j'imagine déjà la tête que feront nos compatriotes, quand vous soulèverez la tour Eiffel avec votre supercrick, pour la transporter au sommet du mont Blanc.

– La tour Eiffel ? rugit Terribilis. Le mont Blanc ? Dis-moi, Famulus, qui t'a mis en tête de tels enfantillages ?

– Eh bien, professeur, quand nous avons élaboré…

– *Nous avons élaboré,* très honorable Famulus ? *Nous ?* Toi, personnellement, qu'as-tu élaboré ? Qu'as-tu inventé, toi ? Le fil à couper le beurre ? Le parapluie sans manche ? L'eau tiède ?

– Je veux dire, docteur Terribilis, soupira Famulus, se faisant humble, très humble, quand vous, uniquement vous, étiez en train de faire les plans du supercrick, il m'avait semblé vous entendre faire allusion à la tour Eiffel et au plus haut sommet des Alpes…

– Je m'en souviens très bien, oui. Mais je t'en parlais par simple précaution, mon excellent et distingué Famulus. Connaissant ton habitude de bavarder à tort et à travers avec le garçon boucher, le garçon laitier, le concierge, la belle-sœur du cousin du concierge...

– Ah ! non, je ne la connais pas ! Je vous jure, professeur, que je ne connais absolument pas la belle-sœur du cousin du concierge. [...]

– D'accord, éliminons-la donc de notre conversation. Je voulais t'expliquer, aimable et stupide Famulus, que je n'ai pas eu confiance en toi. Et je ne t'ai parlé de la tour Eiffel que pour te cacher mon véritable projet, qui devait rester secret pour tous.

– Jusqu'à quand, professeur ?

– Jusqu'à... hier, ô indiscret Famulus Mais aujourd'hui, je peux te le révéler. Dans quelques heures, l'appareil sera prêt. Nous partirons ce soir même.

– Nous partirons, docteur Terribilis ?

– À bord de notre propre supercrick atomique, bien entendu.

– Et pour quelle destination, s'il m'est permis de le demander ?

– Destination : l'espace, ô mon Famulus, si prodigue en interrogations. [...] Allons, trêve de discours : voici mon plan. Avec mon supercrick, je vais soulever la Lune, l'arracher de son orbite et la transporter en un point de l'univers choisi par moi.

– Génial !

– De là-haut, cher Famulus, nous traiterons avec les Terriens.

– Fantastique !

– Vous voulez votre Lune ? Eh bien, payez-la son pesant d'or. Rachetez-la à son nouveau propriétaire, le docteur Terribilis le Terrible.

nombre de mots : 417 Quelques heures suffirent pour les dernières retouches. Le super-
426 crick était prêt à fonctionner. Ce curieux engin ressemblait effective-
437 ment à celui dont se servent les automobilistes pour soulever leur voi-
451 ture quand ils doivent changer un pneu crevé. Il était juste un peu plus
463 grand. Mais il était relié à une cabine spatiale contenant deux petits
474 sièges sur lesquels, au moment choisi par le docteur Terribilis pour
485 mettre à exécution son infernal projet, prirent place l'inventeur et son
496 assistant. Ce dernier, à dire vrai, ne réussissait qu'à grand-peine à ca-
500 cher une immense frayeur.

503 « Calme-toi, Famulus !

511 – Ou... iii... oui, pro... pro... professeur... [...] Merci, docteur Terri-
518 bilis, je suis très calme, à présent.

524 – Parfait. Le compte à rebours Famulus...

527 – Cinq... Six... Sept...

534 – J'ai dit : à rebours, Famulus ! À rebours !

543 – Ah ! oui, mille excuses. Cinq... quatre... trois... deux... un...

544 – Partez ! »

G. Rodari, *Histoires à la courte paille*, © Hachette, Le Livre de poche jeunesse.

Choisissez et notez la réponse exacte : a, b ou c.

1 Comment s'appelle l'assistant du docteur Terribilis ?

a. Bestius ;
c. Saturnus ;
c. Famulus.

2 Qui est le docteur Terribilis ?

a. un sorcier ;
b. un savant diabolique ;
c. un extraterrestre.

3 Quelle est l'invention du docteur Terribilis ?

a. un supercrick atomique ;
b. un robot capable de remplacer l'homme ;
c. une poudre qui détruit tout ce qu'elle touche.

4 L'assistant du docteur Terribilis pense que le projet du docteur est de soulever :

a. Paris ;
b. Rome ;
c. la tour Eiffel.

5 Le docteur Terribilis n'a pas dit ce qu'il avait projeté à son assistant car :

a. il n'a pas confiance en lui ;
b. il est trop absorbé par son travail ;
c. il ne l'aime pas.

6 Le départ doit avoir lieu :

a. dans une semaine ;
b. le soir même ;
c. dans deux jours.

7 Quel est le projet du docteur Terribilis ?

a. prendre en otage des habitants de la planète Mars ;
b. transporter la Lune et demander aux Terriens de la racheter ;
c. détruire la Terre.

8 Comment vont se déplacer le docteur Terribilis et son assistant ?

a. dans une bulle ;
b. dans une fusée ;
c. dans une cabine spatiale.

9 L'assistant du docteur Terribilis :

a. est content de partir ;
b. est effrayé à l'idée de partir ;
c. refuse de partir.

10 Quel autre titre pourrait convenir pour ce récit ?

a. « Un projet terrifiant » ;
b. « Le miracle du docteur Terribilis » ;
c. « Un sauvetage héroïque ».

► *Calculez vos scores de vitesse, de compréhension et d'efficacité en vous reportant à la page 152.*

LIRE
s'orienter dans les écrits

Vous voulez vous informer sur un sujet : quels livres choisir ? À quelle page les ouvrir ?

Vous devez apprendre la leçon sur le complément d'objet indirect mais vous avez oublié de noter la page où figure cette leçon dans votre livre de grammaire. Que faire ?

Imaginez que vous partiez à la recherche d'amis égarés dans une région inconnue. Avant de vous lancer dans l'aventure, vous allez probablement consulter des cartes afin de repérer votre trajet. Le lecteur avisé se comporte de la même façon. Avant de s'engager dans un livre inconnu, avant de lire une page documentaire, il prend des points de repères, il balise la piste. Il peut ainsi :

– connaître le contenu des livres sans les lire de A à Z ;

– trouver immédiatement les passages qui l'intéressent au lieu de tâtonner, voire de s'égarer.

Quels sont ces points de repères ? C'est ce que vous allez découvrir au fil des exercices.

OBJECTIF DE CE CHAPITRE :

- ***Acquérir des stratégies, des méthodes de recherche.***

« RÈGLES DU JEU »

Les règles du jeu se situent à la fin du chapitre afin de vous laisser le plaisir de la découverte. Vous trouverez page 96 :
– « Le coin des mots utiles » ;
– un schéma fléché « Pistes de recherche » qui récapitule l'essentiel de ce chapitre.

1 Découvrir et prévoir

exercice 1

Voici la reproduction de la première page de couverture et de la page de titre d'un livre documentaire, c'est-à-dire d'un livre dont le but est de fournir des informations et non de raconter une histoire. Répondez aux questions : vous découvrirez les indications qui y sont mentionnées.

▲ ***Première page de couverture***

ANDRÉ FAX

Aujourd'hui, des hommes à l'âge de pierre

Illustrations de Grégoire Soberski

MONDE EN POCHE/NATHAN
Collection dirigée par Daniel Sassier

▲ ***Page de titre***

1. Qui a écrit le livre ?
2. Quel est le titre du livre ?
3. Qui a édité le livre ?
4. Qui a illustré le livre ?
5. Ce livre fait partie d'une collection, laquelle ?
6. Qui dirige la collection ?
7. Quel est le sujet du livre ?
8. Deux indications n'apparaissent que sur la page de titre, lesquelles ?
9. Un élément n'apparaît que sur la page de couverture, lequel ?

Calculez votre score en comptant deux points par réponse exacte.

exercice 2

Examinez et lisez la reproduction de la dernière page de couverture du livre *Aujourd'hui, des hommes à l'âge de pierre.* En effectuant le travail demandé, vous vous apercevrez qu'il existe de nombreux moyens de prévoir le contenu d'un livre… avant même de l'ouvrir.

André Fax

Aujourd'hui, des hommes à l'âge de pierre

Dans les déserts froids ou brûlants, les profondes forêts équatoriales, des hommes, des femmes et des enfants connaissent aujourd'hui encore la vie des chasseurs-cueilleurs. En contact étroit avec la nature, ils savent y trouver tout ce dont ils ont besoin pour se nourrir, se vêtir, fabriquer armes et outils…

Vous rencontrerez dans ce livre plusieurs de ces peuples, et surtout celui des Boschimans. En Afrique, dans le désert du Kalahari, ils gardent encore le souvenir et les traditions d'un temps et d'un monde très différents des nôtres.

L'auteur : comme de nombreux préhistoriens, André Fax est également très ouvert aux recherches de l'éthnologie actuelle.

Monde en Poche : une collection d'ouvrages documentaires clairs, vivants et très illustrés. Les centres d'intérêt répondent aux préoccupations des jeunes à partir de 9 ans.

Un dossier en couleurs accompagne chaque livre.

▶ ***Dernière page de couverture***

1. Combien de caractères d'imprimerie différents trouvez-vous dans les cinq paragraphes du texte de présentation du livre ?

2. Complétez les mots manquants dans ces passages.
– Les deux premiers paragraphes permettent de mieux connaître le … traité dans le livre.
– Le troisième paragraphe permet de faire connaissance avec l'…
– Les quatrième et cinquième paragraphes présentent la …

3. Quel est le métier de l'auteur ?

4. Les livres de la collection ne sont qu'en noir et blanc : vrai ou faux ?

5. À qui sont destinés ces livres ?

6. Le livre étudie plus particulièrement un peuple, lequel ?

7. Notez deux questions auxquelles ce livre pourrait répondre.

▶ *Calculez votre score en comptant deux points par réponse exacte.*

2 Découvrir et imaginer

exercice 1

Voici la reproduction des deux pages de couverture d'un roman, ainsi qu'un extrait de ce roman. Effectuez le travail demandé : vous découvrirez le livre et pourrez imaginer l'histoire.

Rodolphe reprend ses explications.
« Nous serions ses parrains ou si vous préférez notre classe sera sa marraine. Parrainer un enfant du tiers monde, c'est participer à son alimentation, sa santé, et lui permettre surtout d'aller à l'école.
– Combien faut-il donner ?
– Trois cents francs par mois. C'est facile, nous sommes trente.
« Moi, dix francs, je ne peux pas, déclare tout à coup Loïc. Je n'ai pas d'argent de poche.
– Moi non plus », ajoute Élodie.
Rodolphe réfléchit.

▲ ***Extrait***

▲ ***Première page de couverture***

▲ ***Dernière page de couverture***

Barème : .../1 **1.** Quel est le titre du livre ?

.../1 **2.** Ce livre est destiné à des enfants de 5 à 7 ans : vrai ou faux ?

.../1 **3.** Comment s'appellent les deux principaux héros ?

.../1 **4.** Qui sont les autres personnages à l'exception de Marcellin ?

.../1 **5.** Quel âge semblent avoir les personnages ?

.../1 **6.** Qu'est-ce qui a attiré l'attention de l'héroïne ?

.../1 **7.** Marcellin vit-il dans le même pays que les autres personnages ?

.../1 **8.** Que voudrait faire Rodolphe ?

.../1 **9.** À quelle difficulté se heurte la proposition de Rodolphe ?

.../1 **10.** Pourquoi le livre s'appelle-t-il *Opération Marcellin* ?

.../10 **11.** À partir des indices dont vous disposez, imaginez l'histoire.
Cette histoire pourrait répondre aux questions : qui ? fait quoi ? où ? quand ? comment ? que se passe-t-il ?

► *Calculez votre score selon le barème indiqué.*

3 Ouvrir un livre à la bonne page

exercice 1

Voici un extrait du sommaire d'un livre. Effectuez le travail demandé : vous découvrirez son organisation.

SOMMAIRE

D'après L'Encyclopédie illustrée Nathan, © éd. Nathan.

1. Certains mots sont écrits en majuscules et en plus gros caractères que les autres. Pourquoi ?

2. Combien de grandes parties comporte l'extrait ?

3. Notez à quelle(s) page(s) il faut ouvrir le livre pour avoir des renseignements sur :

a. l'Antarctique – **b.** les ascenseurs – **c.** l'âge de bronze – **d.** les arbres – **e.** l'alimentation – **f.** le cœur – **g.** l'astronomie – **h.** les aigles.

4. Écrivez le titre de la partie dans laquelle vous pourriez trouver des informations sur les sujets suivants :

a. le règne de Louis XVI – **b.** les ordinateurs – **c.** les hiboux – **d.** la musique pop – **e.** les yeux et la vue – **f.** les satellites – **g.** l'Asie – **h.** le cinéma.

5. Le sommaire d'un livre donne deux renseignements importants, lesquels ?

Calculez votre score en comptant un point par réponse exacte.

exercice 2

Voici un extrait de l'index du même livre que celui de l'exercice précédent. Effectuez le travail demandé : vous découvrirez son organisation.

INDEX

Les mots indexés suivis d'un chiffre gras correspondent aux sujets traités par une page ou une double page. Ceux qui sont suivis d'un chiffre en caractères maigres sont traités dans un des différents textes qui composent la page.

D'après *L'Encyclopédie illustrée Nathan*, © éd. Nathan.

1. L'index d'un livre donne deux renseignements importants, lesquels ?

2. Comparez le classement du sommaire et celui de l'index. Quelle est la principale différence ?

3. Notez à quelle(s) page(s) il faut ouvrir le livre pour vous documenter sur :
a. la bande dessinée – **b.** l'Alaska – **c.** les arbalètes – **d.** les baromètres
e. les Aztèques – **f.** les astronautes – **g.** les bactéries – **h.** les avions.

4. Pourquoi certains chiffres sont-ils écrits en caractères gras ?

5. Vous voulez faire une recherche sur les alligators.

a. Si vous consultez le sommaire, comment procédez-vous pour savoir si le sujet est traité dans le livre ?
b. Si vous consultez l'index, comment procédez-vous pour savoir si le sujet est traité dans le livre ?
c. Que pouvez-vous en conclure ?

Calculez votre score en comptant un point par réponse exacte.

exercice **3** **Cet extrait de sommaire est dans le désordre. Reconstituez-le en donnant un numéro aux différentes parties.**

SOMMAIRE

Nathan vacances français, de la 6e à la 5e, © éd. Nathan.

Calculez votre score en comptant un point par réponse exacte.

4 Réaliser un index

exercice **1** **Voici un extrait de sommaire. Transformez-le en index en vous aidant de l'index de la page 88 et des exemples suivants.**

Exemples : **le premier groupe de mots est « arts martiaux » (l'article *les* ne compte pas). « Histoire du football » est classé à « football » et non à « histoire » : le thème traité est le football et non l'histoire ; vous noterez : « Football, histoire 80 ».**

SOMMAIRE

Méga Sport, L'Encyclopédie vivante Nathan, © éd. Nathan.

Calculez votre score en enlevant un point par erreur.

exercice 2

Réalisez un index des auteurs des vingt textes de ce livre qui vous ont le plus intéressé. Pour cela, notez, par ordre alphabétique, les noms des auteurs, suivis du numéro de la page où ils se trouvent.

Exemple : **Bastide F.-R. 61.**

Calculez votre score en comptant un point par auteur relevé et bien placé.

exercice 3

Réalisez un index des titres. Choisissez vingt livres dont il existe des extraits dans ce manuel. Notez ensuite leurs titres,par ordre alphabétique, suivis du numéro de la page où ils se trouvent.

Exemple : Annie dans la valise **6.**

Attention, l'article défini (*le, la* ou *les*) ne compte pas dans le classement ! Ainsi, pour *Le professeur a disparu*, classez à « professeur » et non à « le ».

Et si vous réalisiez un index des sujets traités dans ce livre ?

Calculez votre score en comptant un point par titre relevé et bien placé.

5 Réaliser un sommaire

exercice 1

Voici un extrait d'index de catalogue. Transformez-le en sommaire. Ce sommaire comportera quatre grandes parties :

1. Le mobilier, la décoration

2. L'audiovisuel, la micro

3. L'habillement

4. Le sport, le plein air

**Comment allez-vous procéder ? Essayez de trouver seul...
Si vous n'y parvenez pas, utilisez le premier joker situé à côté de l'index.**

Encore des difficultés ? Utilisez le second joker.

• Joker 1
Trouvez la rubrique (la partie) dans laquelle doit figurer chaque article.

• Joker 2
À l'intérieur de chaque rubrique, classez les articles par ordre où ils figurent dans le catalogue, c'est-à-dire en tenant compte de la pagination.

INDEX

Amplificateur audio-vidéo	860	Casque moto	246	Pouf	376
Ampli-tuner	861	Cassettes vidéo	887	Pull	25-31
Autoradio	869-870	Chaîne Hi-Fi	865-868	Raquette	245
Baby-foot	247	Chemise	15-18	Sac à dos	238
Bahut	378	Commode	360	Sac de couchage	238
Ballon de basket	234	Fauteuil	363-365	Survêtement	239
Banquette	362	Jean	19-22	Table	373-375
Bibliothèque	371-372	Jogging	239	Tabouret	376
Buffet	378-380	Jupe	36-40	Tapis	377
Caméscope	871-874	Magnétoscope	855-858	Télécommande	859
Canapé	366-370	Meuble télé	361-362	Téléviseur	848-854
Cardigan	41-42	Pantalon	32-35	Tente	236-237
Casque radio, TV	859	Platine-laser	862-864	Vélo	240-244
				Veste	23-24

Calculez votre score en comptant un demi-point par article bien placé.

6 Choisir des livres

exercice 1

Anastasia prépare un album documentaire sur les dinosaures. Elle trouve des livres dont les titres sont mentionnés ci-dessous (1 à 10). Aidez-la à choisir les livres qui correspondent à son sujet. Pour cela, indiquez :

a. les livres qu'elle peut tout de suite éliminer ;

b. les livres qu'elle utilisera à coup sûr ;

c. les livres pour lesquels elle devra consulter la table des matières ou le sommaire avant de prendre une décision.

1. Les premiers hommes
2. La Préhistoire et ses secrets
3. Au temps des dinosaures
4. Les hommes préhistoriques
5. Le monde des animaux
6. Comment vivaient nos ancêtres
7. Les animaux familiers
8. Au temps des châteaux forts
9. Les animaux préhistoriques
10. Les animaux en voie de disparition

Calculez votre score en comptant deux points par réponse exacte.

exercice 2

Jonathan prépare un panneau-affiche sur la vie quotidienne d'un enfant dans la Rome antique. Il trouve des livres dont les titres sont mentionnés ci-dessous (1 à 10). Aidez-le à choisir les livres qui correspondent à son sujet. Pour cela, indiquez :

a. les livres qu'il peut tout de suite éliminer ;

b. les livres qu'il utilisera à coup sûr ;

c. les livres pour lesquels il devra consulter la table des matières ou le sommaire avant de prendre une décision.

1. La Gaule et la conquête romaine
2. Autour de la Méditerranée, les Romains
3. Au temps des croisades
4. Les temples romains
5. La formation de l'Empire romain
6. Marcus, enfant de Rome
7. Les anciennes civilisations
8. La société romaine
9. Histoire de l'éducation
10. Comment vivaient les Romains

Calculez votre score en comptant deux points par réponse exacte.

exercice 3 **Dans chaque phrase (1 à 10), il est question d'un livre. Oui, mais lequel ? À vous de résoudre l'énigme en lisant les textes de présentation des livres (A à J).**

1. L'histoire se passe en Algérie.
2. Ce livre raconte l'histoire d'une fille et de deux garçons qui ont une enfance quelque peu magique.
3. Dans ce livre, un chien disparaît.
4. L'histoire se passe dans la banlieue parisienne.
5. Dans ce livre, il est question d'une maladie grave.
6. Dans ce livre, il est question de fées et de sirènes.
7. L'héroïne a presque douze ans au moment où elle sent une menace planer sur elle.
8. Dans ce livre, il est question d'une inondation.
9. Dans ce livre, l'héroïne va vivre seule dans une grotte.
10. Dans ce livre, trois enfants vont vivre une rude épreuve.

Textes de présentation des livres

A. Au large des côtes bretonnes se dresse l'île de Roc-Aël. Liselor et Grand-Père y vivent seuls, heureux, dans le vieux manoir familial délabré. Pourtant, à la veille de ses douze ans, Liselor sent son bonheur menacé. Quel est donc le secret qui tourmente de plus en plus Grand-Père ?

B. Samira, treize ans, habite dans la banlieue parisienne. Chez elle, tout le monde ne pense plus qu'au mariage de sa sœur de dix-huit ans. Samira ne comprend pas bien ce choix, elle veut poursuivre des études. Samira se sent déchirée : comment vivre sa vie sans trahir les siens ?

C. La famille Bishop est décimée par la guerre d'Indépendance américaine (1775-1782) et Sarah se retrouve seule. Elle s'enfuit dans une région sauvage ; désormais, elle vivra isolée dans une grotte, affrontant l'hiver, les animaux sauvages et les hommes…

D. C'est l'histoire des enfants Darling et de Peter Pan, le garçon qui ne veut pas grandir. L'aventure commence la nuit où Peter revient chercher son ombre, et apprend aux enfants Darling à voler. Dans l'île imaginaire vivent des fées, des sirènes et, bien sûr, le terrible Capitaine Crochet.

E. Marie, Luc et Louis vivent une enfance limousine et sauvage au cœur de la nature. Le corbeau qui « sait » parler, la grotte du « Baobab », les parapluies fantastiques et l'eau partout présente, font vivre aux enfants des aventures où la réalité côtoie le rêve…

F. Claudia s'ennuie dans la luxueuse maison où elle est si souvent seule. Aussi son chien Mick tient-il une place importante dans sa vie. Un jour, il disparaît. En menant des recherches, Claudia rencontre un clochard bougon. Mais qui est cet homme ? Peu à peu, une complicité unit ces deux solitaires…

G. Lakdar, un jeune Algérien d'une douzaine d'années, attend le passage des trains pour proposer de l'eau fraîche aux soldats français. Entraîné malgré lui dans le train qui ferraille vers le grand désert, Lakdar va vivre une terrible aventure. Il connaît la peur, la solitude mais rencontre aussi l'amitié et la fraternité…

H. 1349 : un navire anglais arrive à Bergen, petit port de la côte ouest de la Norvège. Il amène avec lui un terrible fléau : la peste noire. Live, une jeune bergère, seule survivante de sa vallée, erre dans la montagne. Bjart, qui a fui Bergen, l'aperçoit. Mais comment l'approcher ?

I. John, David et Paula se retrouvent seuls dans la ferme des Arpents. Leurs parents sont bloqués en ville par la tempête de neige. Les placards sont vides de nourriture. Des chiens sauvages rôdent autour de la maison… Joé l'Indien, parti chercher des vivres, ne revient pas. Les enfants ont faim, les enfants ont peur. Comment se défendre ? Comment porter secours à Joé ?

J. Un matin, Betty, Garry et Tod, qui n'a que deux ans, se retrouvent seuls et prisonniers des eaux. Tandis que leurs parents sont au village, la rivière est sortie de son lit. Au début, les enfants trouvent la situation amusante, mais les choses se gâtent rapidement. Une vieille femme se trouve menacée. Comment les enfants se débrouilleront-ils ?

Présentation de livres de la collection « Castor poche », © éd. Flammarion.

Calculez votre score en comptant deux points par réponse exacte.

7 Explorer une page documentaire

exercice 1

Voici une page documentaire. Découvrez son organisation, son contenu, en effectuant le travail suivant.

Le nombre d'étoiles indique le nombre d'informations à fournir pour chaque réponse.

1. Choisissez à quelle indication (A à I) correspond chaque numéro (1 à 9). Notez le numéro et la lettre à associer.

* **A.** Je suis un dessin.
* **B.** Je suis un sous-titre : j'annonce le contenu du paragraphe qui suit.
* **C.** Je suis la légende de la carte : j'explique la signification des codes utilisés.
* **D.** Je suis le titre de la page : j'annonce ce dont il va être question, le sujet de la page.
* **E.** Je suis le titre de la carte : j'indique ce qu'elle représente.
* **F.** Je suis la légende du dessin : je précise ce qu'il représente.
* **G.** Je suis un texte écrit en plus gros caractères que le reste du texte : je suis une introduction parfois appelée « chapeau ».
* **H.** Je suis une carte.
* **I.** Je suis un mot en italique.

* **2. Combien de sous-titres comporte cette page ?**

* **3. Combien d'illustrations comporte cette page ?**

** **4. Comment pouvez-vous savoir si vous êtes en présence d'un titre, d'un sous-titre ou d'une légende d'illustration ?**

5. Indiquez ce que vous lirez avec précision si vous voulez des renseignements sur :

** **a. la situation des pays du tiers monde ;**

* **b. ce que l'on entend par tiers monde ;**

* **c. l'aide humanitaire au tiers monde ;**

* **d. les villes du tiers monde ;**

* **e. les pays les plus touchés par la faim ;**

* **f. les maux dont souffre le tiers monde.**

Calculez votre score en comptant un point par réponse exacte.

Le tiers monde 1

2

Le *tiers monde* est constitué par l'ensemble des pays économiquement sous-développés. Ce sont le plus souvent d'anciennes colonies situées en Amérique latine, en Afrique noire, en Afrique du Nord, au Moyen-Orient,en Inde ou en Asie du Sud-Est. Ces pays représentent plus des deux tiers de l'humanité.

5

4

Contraste entre modernité et pauvreté dans les villes du tiers monde

3 **L'explosion démographique**

Dans ces pays, les progrès de la médecine et de l'hygiène favorisent l'accroissement continu de la population. On compte 100 millions de naissances par an pour 30 millions de décès. Certains États du tiers monde mènent actuellement une politique de limitation des naissances.

Malnutrition et misère

La production agricole ne permet pas de faire face aux besoins en alimentation de la population croissante.
6 La *malnutrition* est la cause du décès de nombreux enfants (5 millions par an). Le travail manque. Les campagnes se dépeuplent au profit des banlieues des villes où s'édifient d'immenses *bidonvilles*. L'émigration vers les pays plus riches est très importante. La misère oblige les enfants à travailler. Beaucoup ne fréquentent pas l'école ; une grande partie de la population est analphabète.

Des organisations humanitaires (Médecins sans frontières, la Croix-Rouge...) aident les populations déshéritées.

Dans les régions où sévit la famine, on achemine de la nourriture venue d'Occident.

7

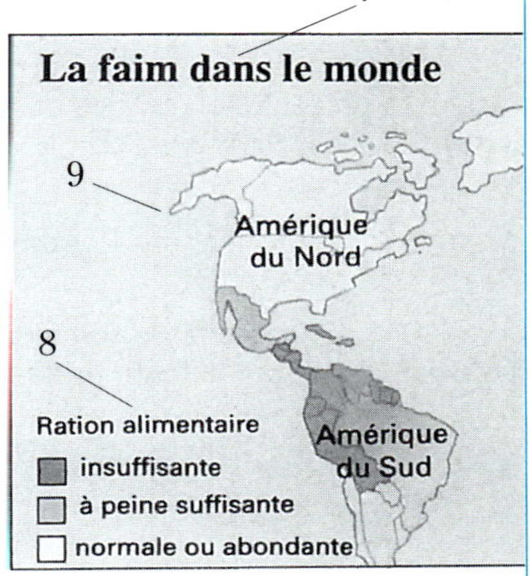

Méga Histoire, L'Encyclopédie vivante Nathan, © éd. Nathan.

LE COIN DES MOTS UTILES

Auteur : la personne qui écrit le livre. Il peut y avoir plusieurs auteurs.

Chapitre : chacune des parties d'un livre.

Collection : ensemble de livres qui ont des points communs (le genre, le lecteur visé, le format, la présentation...).

Éditeur : la personne ou la société qui se charge de publier et de diffuser le livre.

Illustrations : dessins, croquis, cartes, plans, photographies... figurant dans un livre.

Index : liste alphabétique des sujets traités et des noms cités dans un livre.

Légende : petit texte qui accompagne les illustrations ; ce texte précise ce que représentent les illustrations ou indique la signification des codes utilisés.

Lexique : liste alphabétique de mots. Chaque mot est suivi de sa définition ou du numéro de la page où il est expliqué. C'est une sorte de mini-dictionnaire.

Sommaire ou **Table des matières :** plan d'un livre ou d'un magazine. Il indique les grandes parties du livre ou du magazine, les questions qui y sont traitées et mentionne la page où commence le chapitre ou l'article.

PISTES DE RECHERCHE

Comment savoir si un sujet est traité dans un livre ?

- Lire le titre du livre
- Lire la présentation au dos du livre
- Jeter un coup d'œil à l'index
- Lire l'avant-propos ou la préface
- Jeter un coup d'œil au sommaire

Comment ouvrir le livre à la bonne page ?

- Consulter le sommaire
- Consulter l'index

Comment se repérer dans un chapitre ou dans une page ?

- Lire les titres et les sous-titres
- Consulter les illustrations et leur légende
- Regarder la numérotation

LIRE
pour chercher

Lorsque vous commencez à lire, posez-vous deux questions.

• Pourquoi lisez-vous ?

Quand vous découvrez un récit, vous le lisez en entier, d'un bout à l'autre. Mais si, dans ce même texte, vous voulez retrouver un paragraphe ou le nom d'un personnage, il n'est pas utile de tout lire.

• Que lisez-vous ?

Il n'est pas utile non plus de lire en entier un programme de télévision ou un texte documentaire pour y chercher un renseignement précis.

Dans ces deux cas, vos yeux, tels des radars, doivent sillonner les lignes afin de repérer l'information désirée. Cela demande de l'agilité mais, avec un peu d'entraînement, vous pouvez devenir expert en lecture de recherche.

OBJECTIFS DE CE CHAPITRE :

- ***Savoir lire les questions avec exactitude afin de ne pas risquer une erreur d'aiguillage.***
- ***Détecter l'information sans tâtonnement.***

« RÈGLES DU JEU »

Voici un scénario en trois temps qui vous aidera à chercher des informations dans un texte.

• **Premier temps :** lisez en entier la question sans sauter de mots.

• **Deuxième temps :** parcourez rapidement le texte du regard jusqu'à ce que vous repériez l'information.

• **Troisième temps :** vérifiez si l'information correspond bien en revenant à la question. Bref, procédez à des allers et retours entre la question et la réponse.

1 Associer questions et réponses

exercice **1** **Trouvez la réponse qui correspond à chaque question. Notez le numéro de la question et la lettre de la réponse. Indiquez ce qui vous a mis sur la voie.**

QUESTIONS

1. Le bruit est-il dangereux ?

2. Pourquoi plante-t-on des haies ?

3. À quoi sert un barrage ?

4. Combien sommes-nous sur Terre ?

5. Le gorille est-il dangereux pour l'homme ?

6. Pourquoi faut-il dormir ?

7. Les animaux ont-ils un langage?

8. Existe-t-il un train sans conducteur ?

9. Qu'est-ce qu'un feu follet ?

10. Quel continent contient le plus d'eau ?

RÉPONSES

A. Parce qu'après une journée d'action, le corps a besoin de reprendre des forces, de l'énergie.

B. C'est une flamme étrange qui court à travers les cimetières ou les marais brumeux.

C. Pour retenir l'eau et l'empêcher de glisser trop vite à la surface des champs.

D. Il y en a trois en France. Le premier est le VAL, le métro de Lille. Silencieux et automatique, il est piloté par ordinateur.

E. Oui, s'il est trop fort, il peut te rendre sourd.

F. L'Antarctique, au pôle Sud. Ce continent, gigantesque glaçon de 300 kilomètres de côté, est la plus grande réserve d'eau douce de toute la planète.

G. Oui, mais un langage fait d'attitudes, de sons, de signes, et d'odeurs, et non de mots.

H. Le 11 juillet 1987, nous étions 5 milliards. Nous serons environ 6 milliards en l'an 2000.

I. Il retient le cours d'une rivière. Puis il utilise la force de l'eau pour produire de l'électricité.

J. Non. Cet impressionnant animal est timide et doux.

D'après *P'tit Loup*, nos 44 (1992) et 75 (1995).

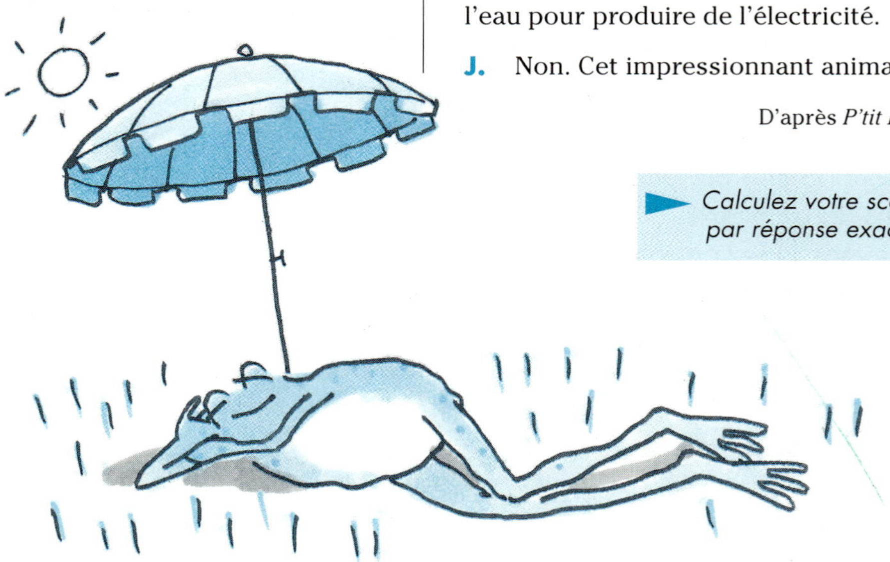

► *Calculez votre score en comptant deux points par réponse exacte.*

exercice 2

Trouvez la réponse qui correspond à chaque question. Notez le numéro de la question et la lettre de la réponse.

QUESTIONS

1. Quel est le record de plongée sans oxygène ?

2. Qui a traversé la Manche à la nage la première fois ?

3. A-t-on trouvé de la vie sur Mars ?

4. Qu'est-ce qu'un rond de sorcière ?

5. Le calmar géant existe-t-il ?

6. Qu'est-ce que la malédiction du pharaon ?

7. Quelle est la particularité de la mer Morte ?

8. Pourquoi fait-il froid aux pôles ?

9. Les soucoupes volantes existent-elles ?

10. Quelle est la plus grosse fleur du monde.

RÉPONSES

A. Le jeune capitaine anglais, Mathew Webb, 27 ans, le 24 août 1875.

B. Absolument. En 1988, un spécimen de 17 mètres de long s'est échoué sur une plage de la Nouvelle-Zélande.

C. C'est la rafflesia : 81 centimètres de diamètre et 7 kilos. Et un comble pour une fleur, elle sent mauvais !

D. Difficile à dire. À ce jour, nous ne disposons que de témoignages.

E. C'est la mer la plus salée du monde.

F. C'est la mort inexpliquée des archéologues qui ont fouillé les tombeaux des pharaons.

G. Le Français Mességué a tenu 4 minutes et 30 secondes sans respirer en 1988.

H. En 1976, la sonde spatiale Viking s'est posée sur Mars et a étudié son sol. Elle n'a détecté aucune trace de vie.

I. C'est parce qu'ils reçoivent moins de soleil que les autres parties de la Terre.

J. Il s'agit d'un cercle de champignons qui apparaît parfois dans les prés.

D'après *P'tit Loup*, nos 45, 47, 48 (1993).

► *Calculez votre score en comptant deux points par réponse exacte.*

2 Associer réponses et questions

exercice 1

Vous allez maintenant effectuer l'exercice inverse des exercices précédents : trouver la question qui correspond à chaque réponse. Notez le numéro de la réponse et la lettre de la question. Indiquez ce qui vous a mis sur la voie.

RÉPONSES

1. Il y a au moins 1 million d'années. La plus ancienne trace de feu a été trouvée en France, dans la grotte de l'Escale, près de Marseille.

2. À secourir les victimes des grandes catastrophes : séismes, typhons, guerres.

3. 11 kilomètres et 34 mètres.

4. C'est le Nil, en Égypte : 6 670 kilomètres. Il traverse la moitié de l'Afrique puis disparaît en Méditerranée.

5. C'est l'orque. Elle mange tout : poissons, baleines, dauphins. Personne ne la mange.

6. En 1852, à Paris, « Au Bon Marché ».

7. L'estimation la plus juste date du siècle dernier seulement !

8. Absolument. Au début, la Terre ne formait qu'un seul et immense continent (Pangée), qui s'est fragmenté et continue à le faire.

9. C'est le plus grand des poissons de mer : il peut atteindre 18 mètres de long et peser une douzaine de tonnes.

10. Tout remonte à la fin du Moyen Âge. Les seigneurs jouaient à se renvoyer une balle par-dessus un filet à l'aide d'une raquette.

QUESTIONS

A. Quand s'ouvrit le premier grand magasin ?

B. Quelle profondeur peut atteindre l'océan ?

C. Quelle est l'origine du tennis ?

D. Depuis quand connaît-on l'âge de la Terre ?

E. Quand a-t-on maîtrisé le feu ?

F. Les continents dérivent-ils encore ?

G. À quoi sert la Croix-Rouge ?

H. Quel est le plus long fleuve du monde ?

I. Qu'est-ce qu'un requin-baleine ?

J. Quel est le plus grand prédateur des mers ?

D'après *P'tit Loup,* nos 45 et 51 (1993).

► *Calculez votre score en comptant deux points par réponse exacte.*

exercice 2

Trouvez la question qui correspond à chaque réponse. Notez le numéro de la réponse et la lettre de la question.

RÉPONSES

1. Il vient du croisement de l'air chaud et de l'air froid.

2. C'est le séquoia, qui pousse aux États-Unis, en Californie.

3. Un peuple de femmes, farouches guerrières, de la mythologie grecque.

4. Le « hic » provient de la contraction d'un muscle appelé diaphragme, situé en haut du ventre.

5. Cette nage a été inventée par les habitants des îles du Pacifique.

QUESTIONS

A. Christophe Colomb a-t-il découvert l'Amérique ?

B. Qui étaient les Amazones ?

C. D'où vient le vent ?

D. Quel est l'exploit d'Alain Bombard ?

E. Quelle est la plus haute température connue ?

6. C'est celle du big bang, l'explosion originelle qui donna naissance à l'univers : des milliards de degrés.

7. Oui et non. Des navigateurs vikings y avaient déjà débarqué, vers l'an 1000.

8. Cela coûte trop d'argent.

9. Ils mobilisent toute leur attention sur le geste à accomplir. C'est un travail intense qui doit les amener à la victoire.

10. En 1952, il prend la mer sur un canot pneumatique, sans eau et sans nourriture.

F. Quel est le plus grand arbre du monde ?

G. Comment les sportifs se concentrent-ils ?

H. D'où vient le hoquet ?

I. Pourquoi ne va-t-on plus sur la Lune ?

J. D'où vient le crawl ?

D'après *P'tit Loup*, nos 44, 45 (1993).

Calculez votre score en comptant deux points par réponse exacte.

3 Répondre avec exactitude

exercice 1

1. Notez, dans chaque question, le mot interrogatif : *où, quand, qui, comment*, etc.

2. Relevez, dans la réponse, le renseignement qui correspond exactement à la question posée et uniquement celui-là.

1. Où les premiers hommes se réfugiaient-ils ?

Le premier homme était l'homme de Cro-Magnon. Il vivait probablement il y a 25 000 ans. Comme nous, il voulait s'abriter de la pluie, du vent, du soleil, du gel et de la neige. Mais il ne savait pas comment construire les maisons. C'est pourquoi il se réfugiait dans des grottes, qui le protégeaient aussi des animaux sauvages et de ses ennemis. Il construisait parfois une sorte de clôture contre une paroi de rocher : c'était le début d'une maison.

365 questions et réponses, © éd. Chantecler.

2. Comment évolue la population mondiale ?

Chaque jour, 210 000 Terriens supplémentaires peuplent la planète. Chaque minute, 280 personnes naissent et 115 meurent. Tant que le taux de natalité est supérieur au taux de mortalité, la population mondiale s'accroît.

D'après *1 000 réponses*, © éd. Nathan.

3. Combien de temps les baleines peuvent-elles rester sous l'eau ?

Les baleines, les dauphins, les phoques vivent très bien dans l'eau. Pourtant, ils ont tous des poumons et doivent régulièrement venir respirer à la surface. Certaines baleines peuvent rester immergées plus d'une heure, et le cachalot descendre à plus de 2 000 mètres.

Ibid.

4. Combien mesurait le plus grand dinosaure ?

Le plus grand dinosaure mesurait 26,70 mètres de la tête à la queue et pesait environ 10 tonnes. Il lui fallait avaler 250 kilos de nourriture par jour.

B. et N. Ardley, *1 001questions et réponses,* © éd. du Pélican.

5. Quand fut construit le premier sous-marin nucléaire ?

Le premier sous-marin de ce type, le *Nautilus*, fut construit en 1955, aux États-Unis.

Ibid.

6. Les hautes montagnes sont couvertes de neige, pourquoi ?

Les sommets des hautes montagnes sont couverts de neige parce que l'air y est froid. Plus on monte, plus il fait froid. La température tombe de 5 °C à peu près tous les 1 000 mètres. Certaines montagnes restent enneigées tout l'été parce qu'elles sont si hautes qu'il y gèle en permanence au sommet.

Ibid.

7. Qui sont les Harlem Globe-Trotters ?

Une équipe américaine de basket-ball, composée de joueurs noirs. Créés en 1927, les Harlem Globe-Trotters sont devenus célèbres pour leur habileté et leurs manières de jouer souvent amusantes. On dit qu'ils ont joué devant plus de 75 millions de spectateurs, dans 90 pays différents.

Ibid.

8. Où se trouve la Forêt-Noire ?

La Forêt-Noire est une région montagneuse et boisée, dans l'ouest de l'Allemagne. Elle est séparée de la Suisse par le Rhin.

Ibid.

9. Qui fit le premier pas sur la Lune ?

Le 16 juillet 1969 eut lieu le lancement d'Apollo 11, fusée à bord de laquelle se trouvaient trois astronautes qui allaient être les premiers hommes à marcher sur la Lune. Quatre jours plus tard, Neil Aldent Armstrong fit le premier pas sur la Lune. L'alunissage fut retransmis en direct par la télévision. Armstrong s'écria : « Ce petit pas est un bond en avant pour l'humanité. » Armstrong et Aldrin restèrent 21 heures et 37 minutes sur la Lune. Ils ramassèrent des pierres, du sable et de la poussière, prirent des photos, et déployèrent des instruments de mesure scientifiques. Le 24 juillet, ils étaient de retour.

365 questions et réponses, © éd. Chantecler.

10. Comment peut-on évaluer l'âge d'un arbre ?

Les arbres grandissent aussi bien en hauteur qu'en largeur. Ainsi il est possible d'évaluer l'âge d'un arbre en observant son tronc, si celui-ci est scié en deux. On peut y voir des anneaux, les uns foncés, les autres clairs. Les plus clairs se dessinent au printemps et en été, les autres en hiver et en automne.

Ibid.

Calculez votre score en comptant un point par réponse exacte.

4 Retrouver les questions

exercice 1

Voici les réponses d'un animateur de radio et de télévision, Jean-Luc Delarue, à une interview. Retrouvez les questions qui avaient été posées.

A. Je me couche « honteusement » tôt ! Par exemple, hier soir, j'étais au lit à 18 h 30. Et je fais beaucoup de sport, à commencer par la boxe. C'est ce qui me défoule le plus ! J'en fais avec François, mon « bras droit » à Canal +. Je joue aussi au foot, car on se marre bien entre copains ! Je mange beaucoup. Si je ne faisais pas de sport, je deviendrais bouboule !

B. Je suis tellement content de ce que je fais aujourd'hui que je n'ai pas envie de changer. Plus tard, je travaillerai toujours avec les mêmes personnes mais je serai plus en retrait : le vedettariat commence à me peser un peu. Et si demain, tout s'arrêtait, je pourrais reprendre la pub, ouvrir un bar, devenir vendeur. Je ne suis pas trop inquiet : je déborde d'énergie !

C. On n'a pas le choix, sinon on meurt ! Après chaque émission, nous faisons un « debriefing » : l'équipe critique ce qui vient d'être fait. Si j'ai été mauvais, je suis le premier à le dire.

D. J'engloutis des quantités énormes ! J'adore la nourriture d'Europe de l'Est et du Japon. Mais ce que j'aime par-dessus tout, ce sont les escalopes panées et les frites de ma grand-mère !

E. Plutôt ! Je suis debout dès 4 heures du matin ! Je lis les journaux avant de filer à Europe 1 rejoindre Michel (le réalisateur de l'émission) et Florian (qui écrit les textes avec moi). On se connaît depuis six ans ! Nous préparons la tranche d'infos 7/9 heures que j'anime. Après, direction Canal +. L'équipe de « La Grande Famille » rencontre les témoins qui participent à l'émission. L'après-midi, nous bossons encore !

Propos recueillis par L. Beauvallet,
Le Journal de Mickey, n° 2137, 2 juin 1994.

► *Calculez votre score en comptant quatre points par question retrouvée.*

exercice 2

Voici des réponses. À quelles questions correspondent-elles ? À vous de les retrouver.

1. Il y a presque mille ans, dit-on, la femme d'un riche marchand de Venise imposa à sa table l'usage d'une petite fourche à deux dents qu'on baptisa « fourchette ».

2. Oui, car notre oreille ne peut percevoir tous les sons. Ainsi, les ultrasons sont trop aigus et les infrasons trop graves pour être entendus.

3. La chauve-souris est aveugle : elle se déplace grâce aux ultrasons qu'elle émet et qui lui reviennent en écho.

4. Au niveau de la mer, un litre d'eau pèse exactement 1 kilo.

5. Cyclo-cross est l'abréviation de cyclo-pédestre (course à bicyclette) et de cross-country (course à pied).

6. Les premières courses de chevaux se sont déroulées en 1400 avant Jésus-Christ.

7. L'alligator a une tête large et arrondie ; le crocodile, lui, a la gueule plus mince, plus pointue. Il est en général plus grand que l'alligator.

8. Comme beaucoup d'animaux chassant la nuit, le chat possède un œil spécial, sensible aux plus faibles doses de lumière.

9. Parce que les dents des rongeurs poussent sans cesse. Ils grignotent des graines et rongent le bois.

10. Les Pygmées vivent dans les forêts du Congo, du Burundi, du Cameroun, du Gabon et du Rwanda.

D'après *P'tit Loup,* nos 43, 48, 49, 520 (1993) et 75 (1995), et *Méga Junior,* © éd. Nathan.

Calculez votre score en comptant deux points par question retrouvée.

5 Repérer des informations

exercice 1

Parcourez ce texte afin de repérer les objets nécessaires pour constituer une collection de timbres. Faites-en la liste.

BONS TUYAUX POUR BONS COLLECTIONNEURS

Quand on commence une collection, on n'a qu'une idée en tête. C'est celle d'avoir très vite un maximum d'éléments (timbres-poste, pin's, capsules de bouteilles, etc.) pour admirer et voir grossir sa collection. Mais une belle collection demande une certaine organisation. Voici quelques tuyaux pour vous permettre de bien démarrer votre collection de timbres.

Tout d'abord, il vous faut la panoplie du parfait collectionneur.

Elle se compose de plusieurs objets :

– une paire de ciseaux avec laquelle vous découperez la partie en haut à droite de l'enveloppe, celle où se trouve le timbre ;

– un bol rempli d'eau tiède pour décoller les timbres oblitérés des morceaux d'enveloppe ;

– une pince pour tenir délicatement les timbres qui sont fragiles ;

– une loupe pour voir les détails invisibles à l'œil nu ;

– un odontomètre pour mesurer le nombre de dents des timbres ;

– un catalogue des timbres pour pouvoir les reconnaître et les classer par catégorie ou par thème ;

– un classeur pour ranger, présenter et conserver chaque timbre.

Voilà, avec cet équipement tout simple vous êtes paré pour commencer votre collection.

Au début d'une collection de timbres, on a envie de tous les posséder. Mais c'est impossible. Sachez que chaque mois, il vous faudrait dépenser entre 3 000 et 4 000 francs pour vous procurer tous les timbres qui sont sortis dans le monde. Aussi, il faut vous fixer sur un ou deux thèmes (sujets). Par exemple, si vous aimez la nature et les animaux, vous pouvez en faire une collection de timbres. Vous pouvez aussi vous orienter vers le sport ou encore les différents pays, etc.

La collection de timbres français ne coûte que 200 francs environ pour une année.

Quand votre collection aura grandi, si vous le souhaitez, vous pourrez faire partie d'un club philatélique et faire des échanges. C'est très amusant, très intéressant, et c'est l'occasion de se faire de nouveaux camarades.

Le Journal des enfants, janvier 1993,
n° spécial réalisé par *Le Journal des enfants* et La Poste.

Calculez votre score en comptant deux points et demi par réponse exacte.

exercice 2

1. Repérez et notez tous les ingrédients (les aliments) nécessaires pour réaliser la recette.

2. Repérez et notez les ustensiles nécessaires.

CLAFOUTIS AU YAOURT

Lavez 750 grammes de cerises noires, enlevez les queues et les noyaux. Disposez-les dans un moule à feu légèrement beurré. Saupoudrez-les de 20 grammes de sucre et laissez cuire au four 5 minutes (thermostat 7).

Faites une fontaine dans 100 grammes de farine placée dans un saladier. Versez 6 jaunes d'œufs au centre, puis un yaourt que vous sucrerez avec 40 grammes de sucre. Ajoutez une pincée de sel et mélangez à la main en ajoutant peu à peu 1/4 de litre de lait que vous aurez fait tiédir.

Montez les 6 blancs d'œufs en neige à l'aide d'un batteur. Incorporez-les au mélange de pâte et versez sur les cerises. Cuisez 35 minutes au four (thermostat 7). Servez tiède.

Calculez votre score en comptant deux points par réponse exacte.

exercice 3

Repérez et notez le matériel nécessaire pour préparer cette farce. Tous les objets sont indiqués sauf un qui est pourtant utile. Ne l'oubliez pas...

LE SERPENT FARCEUR

Avec une quinzaine de bouchons en liège, un ruban, et quelques tubes de couleur, tu vas confectionner un serpent articulé très impressionnant. Coupe à l'aide d'un canif les bouchons en deux (attention à tes doigts !). Sculpte le dernier bouchon en forme de tête avant de le couper en deux. Colle chaque tronçon de part et d'autre du ruban. Termine en décorant avec de la peinture. Tu pourras même vernir le tout pour rendre ton serpent plus brillant.

Il ne reste plus qu'à dissimuler le serpent sous un buisson, le long du chemin que tu as l'habitude d'emprunter avec tes amis. Quand tu voudras leur faire prendre des bouchons pour des couleuvres, saisis le serpent comme si tu venais de le découvrir...

Télé-poche, n° 1533, 26 juin 1995.

Calculez votre score en comptant deux points et demi par réponse exacte.

exercice 4

Lisez la première question. Parcourez la page d'annuaire afin de chercher la réponse. Notez-la. Procédez de même pour les autres questions.

1. Quel est le numéro de téléphone du camping « Les Flots bleus » ?
2. Combien d'abonnés portent le nom de Colibert ?
3. Quel est le prénom de M. Chamorel ?
4. Dans quelle rue habitent M. et Mme Bouclier ?
5. Son prénom est Alain, il est médecin : qui est-ce ?
6. Son prénom est Marie, elle habite route de Lisieux : qui est-ce ?
7. Qui habite chemin de la Dune ?
8. Combien d'abonnés y a-t-il entre Chap et Darma ?
9. Un nouvel abonné arrive : il s'appelle Bourret, où le placer ?
10. Quel numéro appeler pour savoir combien de temps il faut compter pour la réalisation d'étagères ?

Calculez votre score en comptant deux points par réponse exacte.

ANTIER Sylvain
4 r Auber ... 33 91 47 20
ARCHET Robert
20 r Claire-Fontaine ... 33 76 07 13
ARLET Marie
25 rte de Lisieux ... 33 05 24 32
ARMAND Pierre
4 r Tuilerie ... 33 69 76 24
ARTRAY Michel
10 rte d'Auberville ... 33 99 71 39
BALTO Éric
50 rte de la Corniche ... 33 28 82 68
BARTHELEMY Cécile
6 chem de la Dune ... 33 91 48 57
BEAUPERE Georges
butte Vilain ... 33 86 90 80
BELET François
65 r Beauregard ... 33 79 65 68
BENZADI Zima
36 r de l'Église ... 33 27 25 10
BERNARD Armand
10 r Grangres ... 33 87 60 73
BERTAUX Lucie
50 r de la Gare ... 33 85 13 28
BERVILLE Damien
10 r Claire Vallon ... 33 14 24 16
BESANÇON Aline
5 chem des Rocailles ... 33 98 13 27
BETTI Guillaume
52 rte de la Corniche ... 33 16 31 76
BIDRON Marcelle
27 rte de Houlgate ... 33 54 28 22
BIJOUX Michel
57 r de la Gare ... 33 14 88 14
BOCQUET Emmanuelle
rte de la Falaise ... 33 26 85 71
BOISSIEU Agnès
14 r Tuilerie ... 33 22 04 32
BONNIER Jean-Claude avocat
560 r des Lilas ... 33 70 12 25
BORGHE Estelle
6 r Danjou ... 33 44 52 12
BOTTARD Alain médecin
18 r Paul-Bert ... 33 21 25 52
BOUCLIER Bernadette et Jean
5 r de la Briqueterie ... 33 66 24 81
BRESSON Catherine
7 r des Charmes ... 33 56 44 14
BRIBA Chantal 26 r Bodin 33 29 15 91
BRISSARD Edmond
2 r de la Clef ... 33 27 13 62
BROT Frédérique
14 r Danjou ... 33 97 40 92
BUC Céline 16 r des Lilas .. 33 30 42 88
CABRAL Antony
51 r Paul-Bert ... 33 90 18 42
CAILLOU Philippe
13 r Beauregard ... 33 82 42 18
CAMPANA Kathleen
21 rte de Rouen ... 33 49 51 42
CAMPING LES FLOTS BLEUS
rte de la Falaise ... 33 50 22 37
CANNAC Michel
6 r du Pont ... 33 82 09 89
CARRERA Pierre menuiserie
22 r des Trois-Bornes ... 33 19 42 25
CAVENNE Agnès
16 r Diego ... 33 66 76 31
CELLI Jean
26 rte de Lisieux ... 33 42 11 25
CHABANNE Françoise
10 r des Charmes ... 33 10 09 12
CHAMOREL Serge
14 r des Charpentiers ... 33 54 52 42
CHAP Daniel
10 r de Rouen ... 33 30 85 19
CHRÉTIEN Sylvette
19 r des Acacias ... 33 22 49 20
COLIBERT Bernard
5 r Graissard ... 33 50 78 30
COLIBERT Annie
38 r des Charmes ... 33 28 58 54
COLIBERT Jean
47 pl Jean-Jaurès ... 33 82 51 09
CRUZ Joséphine
14 r Lacoste ... 33 32 65 85
DAGA Alvaro
6 r des Lilas ... 33 23 79 04
DAHAN Abdellah
23 r du Paradis ... 33 82 90 20
DALMON Berthe
28 r Diego ... 33 42 06 27
DARMA Laurent
12 chem de la Dune ... 33 17 01 52
DEBRIL Marianne
22 r du Chemin-Vert ... 33 07 10 44
DELAPONT Marie
55 rte de Rouen ... 33 25 10 25
DELASALLE Yann pressing
14 r de l'Église ... 33 07 01 21
DIAMORO Pascale
6 r Dalibert ... 33 66 08 19

6 Détecter des informations

exercice 1

Parcourez le texte afin de repérer les objets emportés par Marcel tant dans ses musettes que dans ses bras et dans ses poches... Faites-en la liste.

LE DÉPART

Les vacances sont finies. Marcel et ses parents retournent à la ville.

Après un déjeuner rapide, le volume et le poids de notre chargement furent si habilement répartis que nous prîmes le grand départ sans rien laisser derrière nous.

Je portais deux musettes : l'une contenait des pavés de savon, l'autre des boîtes de conserves, et diverses charcuteries.

Sous chaque bras, un ballot soigneusement ficelé : c'étaient des couvertures, des draps, des taies d'oreillers, des serviettes. [...]

Sous mon bras gauche, deux verres de lampe, et une petite danseuse en plâtre, toute nue, et la jambe en l'air.

Sous mon bras droit, une salière géante en verre de Venise (1 F 50 chez notre ami le brocanteur), et un réveille-matin de grande taille (2 F 50) qui devait sonner puissamment l'Angelus des chasseurs. Comme on avait oublié de l'arrêter, j'entendais, à travers les couvertures, son tic-tac ferblantier.

Enfin, mes poches étaient bourrées de boîtes d'allumettes et de sachets de papier qui contenaient du poivre, de la noix muscade, des clous de girofle, du fil, des aiguilles, des boutons, des lacets de souliers et deux encriers cachetés de cire.

M. Pagnol, *Le Château de ma mère*, © éd. Bernard de Fallois.

Calculez votre score en comptant un point par réponse exacte.

exercice 2

Parcourez le texte afin de repérer et de noter :
a. la date et l'heure ;
b. la ville que viennent de quitter les personnages ;
c. le nom des personnages ;
d. la ville où se rendent les personnages.

EN ROUTE POUR L'ITALIE

Mais autant commencer par le commencement. Aujourd'hui, 18 février, nous venons de quitter Paris par le train de 20 heures 15, gare de Lyon. Nous, c'est Pierre-Paul de Culbert, alias P.-P. Cul-Vert, deux ans d'avance, premier de classe, trois valises mais pas de brosse à dents. Mathilde Blondin, dite Mathilde Blondin, une nouvelle au collège, si secrète et réservée que personne n'a trouvé de surnom pour ses taches de rousseur et son caban trop grand. Enfin, M. Coruscant, notre prof d'histoire-géo, montre à chaîne, cheveux en brosse, une pochette au veston, et les genoux qui craquent quand le temps est humide.

Je me suis gardé pour la fin. Par politesse, comme dit ma mère. Mais ce n'est pas la seule raison. D'abord, je ne m'aime pas. Et ce n'est pas mon nom, Rémi Pharamon, qui pourrait arranger quelque chose.

Je le tiens de mon père, passé chez nous le temps de laisser ça : Pharamon, comme s'il avait oublié ses papiers dans mon berceau. Un nom de momie roulée dans la farine.

Il y a aussi d'autres raisons, mais j'en parlerai plus tard...

Donc, nous quatre, ce dimanche 18 février, nous partons pour Venise à bord d'un train de nuit.

J.-P. Arrou-Vignod, *Le professeur a disparu*, © éd. Gallimard, Folio junior.

Calculez votre score en comptant deux points et demi par réponse exacte.

exercice 3

1. Repérez le nom des personnages qui prennent la parole dans ce récit.

2. Repérez le nom des aliments.

3. Odile accepte que ses filles rentrent déjeuner à la maison mais à une condition, laquelle ?

LA CAPITULATION

Anne-Sophie et Élodie Fontayne voudraient rentrer déjeuner chez elles. Leurs parents, Odile et Bernard, hésitent.

Pour accélérer la capitulation des parents, Anne-Sophie oublia ses affaires de gymnastique et Élodie ses affaires de dessin : « Si j'étais rentrée à midi… » plaidèrent-elles avec une totale mauvaise foi.

Odile était perplexe. Il ne lui plaisait pas de céder au chantage. De plus, son travail allait en souffrir. […] Mais, d'un autre côté, comment refuser aux enfants l'accès à leur domicile ? Ils étaient chez eux, autant qu'elle.

– Très bien, annonça-t-elle aux deux fillettes. Vous pouvez venir déjeuner ici. Mais vous vous débrouillerez toutes seules. Comme des grandes. Vous trouverez du jambon, du fromage et des fruits dans le réfrigérateur. […]

– On n'aura rien de chaud ? s'exclama Élodie.

– Anne-Sophie te fera une soupe instantanée, si tu y tiens.

– Et toi ? Tu ne déjeuneras pas avec nous ?

– Non, répondit Odile. Je ne m'arrête pas à midi, j'ai du retard à rattraper.

– Ce n'est pas très sain, objecta Bernard.[…]

Anne-Sophie et Élodie étaient un peu surprises. Ce n'était pas ainsi qu'elles avaient envisagé les choses. Mais elles pensaient que leur mère ne resterait pas longtemps dans sa tour d'ivoire et que bientôt elles mangeraient toutes les trois ensemble..

– Moi aussi, je veux rentrer à midi, déclara Damien. Avec Delphine. (Il rougit sous les regards.) Parce qu'on prépare un concert, le prof de musique est d'accord, l'argent ira au Comité contre la faim dans le monde. Alors il faut bien qu'on répète, et le piano du collège est complètement faux.

Il ne précisa pas que ses copains ne ménageaient pas leurs sarcasmes pendant qu'il travaillait avec Delphine.

Odile réfléchit, interrogea Bernard du regard, qui leva les épaules avec fatalisme.

B. Peskine, *La Famille Fontayne,* © éd. Nathan, « Arc en poche ».

Calculez votre score en comptant deux points par réponse exacte.

7 Prélever des informations

exercice 1

Parcourez le texte afin de repérer :
a. les meubles dont se servaient les Égyptiens ;
b. les matériaux utilisés dans la fabrication des meubles.

À L'INTÉRIEUR D'UNE MAISON ÉGYPTIENNE

L'intérieur des pauvres maisons de paysans était simple et très peu meublé. Mais les demeures des gens riches étaient souvent magnifiquement décorées et meublées.

Ceux qui en avaient les moyens possédaient des lits, des tables, des fauteuils, des tabourets et des coffres, en bois, de toutes formes et de toutes tailles. Les sièges des fauteuils et des tabourets étaient souvent en cuir ou en roseaux. Les meubles de luxe étaient faits de bois précieux comme l'ébène et le cèdre.

A. Millard, *Comment vivaient les Égyptiens,* © éd. Nathan.

Calculez votre score en comptant deux points par réponse exacte.

exercice 2

Parcourez le texte afin de repérer :
a. les différents types de gladiateurs ;
b. l'armement de chacun d'entre eux ;
c. la phrase prononcée par les gladiateurs en passant devant la loge de l'empereur.

À ROME, AU TEMPS DES GLADIATEURS

Condamnés à mort, prisonniers de guerre ou esclaves engagés par leur maître, les gladiateurs s'entraînent au combat dans des écoles spécialisées. Lorsqu'ils pénètrent dans l'arène du Colisée, ils passent devant la loge de l'empereur et prononcent la célèbre formule : « Salut, César, ceux qui vont mourir te saluent ! »

Les affrontements opposent deux hommes et, pour corser la difficulté, chaque gladiateur a un armement différent. Les Samnites disposent d'un casque, d'un bouclier long, d'une jambière gauche et d'une épée. Les rétiaires, vêtus d'une courte tunique attachée par un large ceinturon, sont simplement munis d'un filet et d'un trident ; ils se protègent à l'aide d'un brassard en cuir et en métal terminé par un aileron au-dessus de l'épaule gauche. Le Gaulois, ou myrmillon, porte un petit

casque orné d'un poisson, une épée et un petit bouclier. Les Thraces sont armés d'un petit bouclier rond, d'un casque, de deux jambières, d'un brassard et d'un sabre court et recourbé. [...]

Le combattant tombé à terre demande grâce en tendant la main gauche vers l'estrade officielle. Si l'organisateur des jeux renverse le pouce, le blessé est achevé, s'il le relève, il vivra.

C. Guittard, *Autour de la Méditerranée, les Romains,* © éd. Nathan, « Peuples du passé ».

Calculez votre score en comptant un point par réponse exacte.

exercice 3

Parcourez le texte afin de repérer et de noter tous les mots qui se rapportent à la médecine ou à l'hygiène. Si un mot apparaît plusieurs fois, vous ne le relèverez qu'une seule fois.

LE DROIT À LA VIE

Arriver, « atterrir », c'est être entouré de tous les soins, être lavé, examiné par les médecins, par le pédiatre qui vérifie taille, poids, respiration, réflexes... Et puis ensuite, être vacciné pour éviter une maladie très grave. Et recevoir un prénom, un nom, avoir une nationalité. Tandis que nous dormons à poings fermés dans un berceau, nous devenons « citoyen » d'un pays et membre d'une famille.

Dans de nombreux pays encore très pauvres, les enfants ne naissent pas dans une maternité bien équipée, mais dans les maisons. Sans eau, sans électricité, il est impossible d'entourer les bébés de l'hygiène indispensable. Parfois, ils viennent au monde dans la rue ou dans les champs, en l'absence de tout médecin ou d'une sage-femme qui pourrait aider leur mère. Beaucoup souffrent de l'absence des premiers soins ; certains en meurent.

En Europe, nous sommes vaccinés à notre naissance, puis encore à l'école ou chez le médecin qui s'occupe de nous. Ces petites piqûres, qui bien vite ne font plus peur, nous protègent en fait contre les maladies qui tuent le plus à travers le monde.

Z.S. Khan, P. Collange, *Les Droits des enfants,* © éd. Nathan, « Monde en poche ».

Calculez votre score en comptant deux points par réponse exacte.

exercice 4

Parcourez le texte afin de repérer et de noter tous les mots qui se rapportent à l'école. Si un mot apparaît deux fois,vous ne le relèverez qu'une seule fois. Le mot « école » ne compte pas.

DES ENFANTS SANS ÉCOLE

Une vie d'enfant sans école, est-ce possible ? Dans de nombreuses régions du monde, hélas, oui ! Et ne pas aller à l'école, cela ne veut pas dire « être en vacances », jouer, voyager… Cela signifie ne jamais savoir lire, ni écrire, ne pas pouvoir apprendre un métier, rester dans la pauvreté.

En 1960, 117 millions d'enfants entre 6 et 11 ans n'étaient pas inscrits à l'école primaire. Après de gros efforts, ce chiffre était descendu à 50 millions en 1985. Mais depuis, la situation s'est détériorée. En 1990, ils étaient 165 millions à n'avoir jamais été accueillis dans une école primaire ! Ces chiffres sont très inquiétants. Et le problème tient à de multiples difficultés.

Il n'y a pas assez d'écoles, bien sûr. Et quand il y en a, elles sont souvent très démunies. Instituteurs et institutrices ne disposent, par exemple, ni de livres, ni de cahiers, ni même d'un tableau !

On constate aussi que 90 % des enfants des pays en voie de développement, en Asie, en Afrique, en Amérique latine, commencent leur scolarité… et quittent l'école au bout de deux ou trois ans, sans avoir eu vraiment le temps d'apprendre. Pourquoi ? Pour des raisons diverses, toujours liées à la pauvreté. Même si l'école est gratuite, il faut cependant acheter quelques crayons, parfois prendre le bus pour s'y rendre, s'habiller, avoir au moins une paire de chaussures… Pour des familles qui n'ont pas de quoi manger à leur faim, ces seules dépenses sont déjà impossibles à assumer. Souvent, aussi, les parents font vite appel à leurs enfants pour garder les plus petits, pour les aider aux travaux des champs…

Z.S. Khan, P. Collange, *Les Droits des enfants,* © éd. Nathan, « Monde en poche ».

Calculez votre score en comptant deux points par réponse exacte.

exercice 5

Parcourez le texte afin de repérer les différentes situations dans lesquelles interviennent les pompiers et ce qu'ils font dans chaque cas. Notez vos réponses.

DES POMPIERS TOUJOURS SUR LE QUI-VIVE

La plupart des installations et du personnel d'un aéroport ont un seul but : la sécurité des passagers. Outre les contrôleurs aériens, responsables du trafic, bien d'autres professionnels y veillent. Ainsi, des

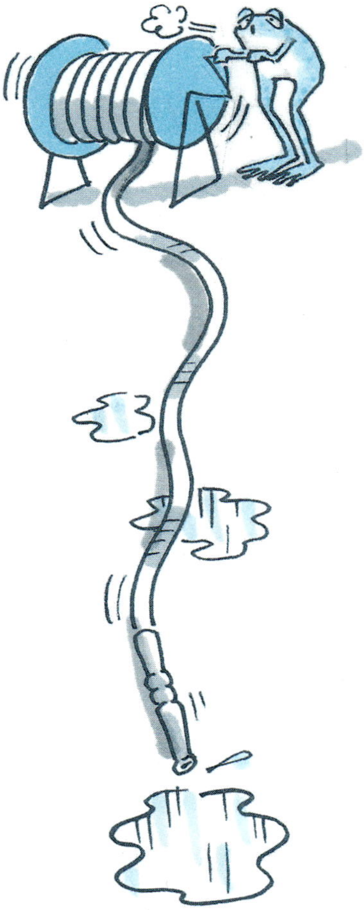

policiers luttent contre les trafiquants de toutes sortes… De même, la fouille des voyageurs et des bagages est devenue une nécessité depuis que le terrorisme aérien s'est développé au début des années 1970… Dans cette liste, on oublie souvent de parler des pompiers. Voyons-les à l'œuvre.

Paris, 5 septembre. « Alerte verte » à Roissy-Charles-de-Gaulle… Un appareil doit effectuer un atterrissage à risques dû à un incident technique… Aussitôt, les pompiers se mettent en place le long de la piste. Dès que l'avion touche des roues, les camions le suivent en roulant à 50 mètres de distance. Déjà, ils aspergent les pneumatiques de mousse carbonique pour éviter tout risque d'incendie. Les pompiers se tiennent également prêts à évacuer les passagers. Avec le personnel de bord, il leur faudra un peu plus d'une minute pour vider un avion de 300 places !

Les pompiers sont toujours là, à quelques mètres des pistes, en liaison constante avec la tour de contrôle. En cas d'« alerte rouge » (accident, explosion…), ils se précipitent pour maîtriser le sinistre, assurer les premiers secours, évacuer les blessés éventuels. On les retrouve aussi en cas d'alerte à la bombe dans un appareil ou un bâtiment de l'aérogare. Et ce n'est pas tout ! Les équipes de pompiers veillent au remplissage des réservoirs lors des escales pour prévenir tout risque d'incendie, éloignant les engins (camions, tapis roulants, etc.) qui pourraient provoquer une étincelle.

M. Polacco, G. Michel, *À bord des avions d'aujourd'hui,* © éd. Nathan.

► *Calculez votre score en comptant deux points par réponse exacte.*

8 Trouver la réponse à des questions

exercice 1 **Lisez la première question. Sillonnez le texte comme un éclair sillonne le ciel pour chercher la réponse. Notez-la. Procédez de même pour les autres questions.**

Le nombre d'étoiles indique le nombre d'informations à fournir pour chaque réponse.

** **1.** Quels avantages y a-t-il à faire collection de timbres selon Rufus ?
* **2.** Que veut dire « faire de la philatélie » ?
* **3.** Qui a eu l'idée de faire collection de timbres ?
** **4.** L'histoire se déroule dans deux endroits, lesquels ?
**** **5.** Qui prend la parole dans ce récit ?

UNE IDÉE GÉNIALE

Le petit Nicolas raconte.

Rufus est arrivé drôlement content, ce matin, à l'école. Il nous a montré un cahier tout neuf qu'il avait, et sur la première page, en haut à gauche, il y avait un timbre collé. Sur les autres pages, il n'y avait rien.

– Je commence une collection de timbres, nous a dit Rufus.

Et il nous a expliqué que c'était son Papa qui lui avait donné l'idée de faire une collection de timbres ; que ça s'appelait faire de la philatélie, et puis que c'était drôlement utile, parce qu'on apprenait l'histoire et la géographie en regardant les timbres. Son Papa lui avait dit aussi qu'une collection de timbres, ça pouvait valoir des tas et des tas d'argent, et qu'il y avait eu un roi d'Angleterre qui avait une collection qui valait drôlement cher.

– Ce qui serait bien, nous a dit Rufus, c'est que vous fassiez tous collection de timbres ; alors, on pourrait faire des échanges. [...] Mais il ne faut pas que les timbres soient déchirés, et puis surtout il faut qu'ils aient toutes leurs dents.

Quand je suis arrivé à la maison pour déjeuner, j'ai tout de suite demandé à Maman de me donner des timbres.

– Qu'est-ce que c'est encore que cette invention-là ? a demandé Maman. Va te laver les mains et ne me casse pas la tête avec tes idées saugrenues.

– Et pourquoi veux-tu des timbres, bonhomme ? m'a demandé Papa. Tu as des lettres à écrire ?

– Ben non, j'ai dit, c'est pour faire des philatélies, comme Rufus.

– Mais c'est très bien ça ! a dit Papa. La philatélie est une occupation très intéressante ! En faisant collection de timbres, on apprend des tas de choses, surtout l'histoire et la géographie. Et puis, tu sais, une collection bien faite, ça peut valoir très cher. Il y a eu un roi d'Angleterre qui avait une collection qui valait une véritable fortune !

– Oui, j'ai dit. Alors, avec les copains, on va faire des échanges, et on aura des collections terribles, avec des timbres pleins de dents.

Et après manger, Papa a cherché dans son bureau, et il a trouvé trois enveloppes, d'où il a déchiré le coin où il y avait les timbres. [...]

Quand je suis arrivé à l'école, cet après-midi, on était plusieurs copains à avoir commencé des collections ; il y avait Clotaire qui avait un timbre, Geoffroy qui en avait un autre et Alceste qui en avait un, mais tout déchiré, minable, plein de beurre, et il y manquait des tas de dents. Moi, avec mes trois timbres, j'avais la collection la plus chouette.

Sempé/Goscinny, *Le Petit Nicolas et les copains*, © éd. Denoël.

Calculez votre score en comptant deux points par réponse exacte.

exercice 2

Lisez la première question. Sillonnez du regard l'extrait du programme de télévision pour chercher la réponse. Notez-la. Procédez de même pour les autres questions.

Le nombre d'étoiles indique le nombre d'informations à fournir pour chaque question.

** **1.** Quels sont les téléfilms diffusés par les trois chaînes au cours des journées présentées ?

*** **2.** Quels sont les types d'émission diffusés le dimanche sur les trois chaînes ?

* **3.** Combien d'émissions de sport sont diffusées au cours des journées présentées ?

**** **4.** Quel jour, à quelle heure et sur quelle chaîne peut-on voir un film avec Louis de Funès ? Quel est le titre de ce film ?

	TF1	France 2	France 3
SAM	DIVERTISSEMENT 20.40 **LES GROSSES TÊTES** animé par Philippe Bouvard au théâtre de Bobino TÉLÉFILM 22.40 **LES YEUX DE LA NUIT** Policier américain de Jag Murdhra avec Tanya Roberts, Andrew Stevens	SPORT 19.00 **TOUR DE FRANCE** Prologue Commentaires de Patrick Chêne, Bernard Thévenet, Thierry Blancot, Jean-René Godart MAGAZINE 22.10 **LES ENFANTS DE LA TÉLÉ** par Arthur	TÉLÉFILM 20.50 **V'LA LE CINÉMA** ou le roman de Charles Pathé Fiction historique française de Jacques Rouffio avec Didier Bezace BALLET 0.00 **CASSE-NOISETTE** de Tchaïkovski avec le ballet du Kirov
DIM	CINÉMA 20.45 **COUSINS** Comédie sentimentale américaine de Joel Schumacher avec Ted Danson, Isabella Rossellini, Sean Young CINÉMA 22.55 **LE ROI DE NEW YORK** Policier américain d'Abel Ferrara avec Christopher Walken	CINÉMA 20.50 **FORT SAGANNE** Film d'aventures français d'Alain Corneau avec Gérard Depardieu, Philippe Noiret, Catherine Deneuve MAGAZINE 23.50 **LA PLANÈTE MIRACLE II** Les Origines de la vie Première partie Tout a commencé dans l'océan primitif	SÉRIE 20.55 **UN CAS POUR DEUX** 70 000 marks en espèces avec Rainer Hunold, Claus Theo Gärtner CINÉMA 23.15 **LES ENFANTS DU PARADIS** Drame français en noir et blanc de Marcel Carné avec Arletty, Jean-Louis Barrault, Maria Casarès
LUN	CINÉMA 20.45 **LES AVENTURES DE RABBI JACOB** Comédie française de Gérard Oury avec Louis de Funès, Suzy Delair, Marcel Dalio DIVERTISSEMENT 22.25 **LES ANNÉES MIKE BRANT** Portrait du chanteur disparu en 1975	FEUILLETON 20.50 **LES GENS DE MOGADOR** Saga française en six épisodes avec Marie-José Nat, Jean-Claude Drouot, Renée Faure MAGAZINE 22.40 **LES AMANTS DU SIÈCLE** par Frédéric Mitterrand Édouard et Wallis La Liaison fatale des Windsor	CINÉMA 20.55 **JAMAIS PLUS JAMAIS** Film d'espionnage américain d'Irvin Kershner avec Sean Connery, Klaus Maria Brandauer CINÉMA 23.40 **RAPHAËL OU LE DÉBAUCHÉ** Comédie dramatique française de Michel Deville avec Maurice Ronet

D'après *Télé 7 Jours.*

Calculez votre score en comptant deux points par réponse exacte.

exercice 3

Lisez la première question. Sillonnez du regard l'extrait de programme de télévision pour chercher la réponse. Notez-la. Procédez de même pour les autres questions.

Le nombre d'étoiles indique le nombre d'informations à fournir pour chaque réponse.

*** **1.** La mère de Cécile ne manque jamais une comédie dramatique. Que pourrait-elle regarder ?

* **2.** Le père de Cécile aime les films d'espionnage. Que regardera-t-il ?

* **3.** Le frère de Cécile veut regarder le film le plus drôle. Que va-t-il choisir ?

* **4.** Le film *Le Grand Chef* est-il en noir et blanc ?

* **5.** Citez un film qui, selon ce magazine de télévision, allie humour, action, réflexion et émotion ?

*** **6.** Cécile, elle, adore les films très émouvants. Que pourrait-elle regarder ?

DU 24 JUIN AU 30 JUIN — **TOUS LES FILMS DE VOTRE SEMAINE**

		HUMOUR	ACTION	VIOLENCE	RÉFLEXION	ÉMOTION	ÉROTISME
LUNDI 26 JUIN 0.05 *** **FRANCE 3**	**ISADORA** Biographie de Karel Reisz (1968). En VO. De New York à Paris,via Moscou, la vie tumultueuse et tragique de la célèbre danseuse américaine,Isadora Duncan. Avec Vanessa Redgrave, James Fox.		●		●●	●●●	
LUNDI 26 JUIN 20.35 ** **CANAL +**	**DANS LES POMPES D'UN AUTRE** Comédie de Donald Petrie (1990). Les aventures d'un petit escroc qui, pour fuir la vengeance d'un truand, usurpe l'identité d'un brillant homme d'affaires. Avec Dana Carvey, Todd Graff, J.Campbell.	●●●	●				
LUNDI 26 JUIN 20.50 ** **FRANCE 3**	**LE PIÈGE** Espionnage de John Huston (1973). Un agent du contre-espionnage britannique cherche à démasquer une « taupe » qui favorise l'activité des espions de l'Est en Angleterre. Avec Paul Newman.		●●	●	●		
LUNDI 26 JUIN 22.20 ** **CANAL +**	**LA FOLIE DOUCE** Comédie dramatique de Frédéric Jardin (1994). Entre déboires sentimentaux et marivaudages, les dérives amoureuses d'une bande de jeunes branchés parisiens. Avec Géraldine Pailhas.	●	●		●	●	
LUNDI 26 JUIN 22.20 * **ARTE**	**LA CÔTE D'ADAM** Comédie dramatique de V. Krichtofovitch (1992). En VO. Entre humour et tendresse, l'âpre réalité de la cohabitation de trois générations de femmes dans un trois-pièces moscovite. Avec Inna Tchourikova.	●●	●		●●	●	●
LUNDI 26 JUIN 23.00 ** **FRANCE 3**	**AU PAYS DES JULIETS** Comédie dramatique de Mehdi Charef (1991). Trois jeunes détenues en permission se découvrent au cours d'une longue journée d'errance dans Lyon. Avec Maria Schneider, Laure Duthilleul.			●●	●●	●●●	

MARDI 27 JUIN 20.45 *** TF 1	**LOVE STORY** Mélodrame d'Arthur Hiller (1970). Une merveilleuse et tragique histoire d'amour entre deux étudiants. Avec Ali McGraw, Ryan O'Neal, Ray Milland, Katharine Balfour, John Marley.	HUMOUR / ACTION / VIOLENCE RÉFLEXION ● / ÉMOTION ●●● / ÉROTISME
MARDI 27 JUIN 20.55 ** FRANCE 2	**LE GRAND CHEF** Comédie d'Henri Verneuil (1959). En version colorisée. Ayant enlevé le jeune fils d'un riche industriel, deux laveurs de voitures se retrouvent aux prises avec un enfant terrible. Avec Fernandel.	HUMOUR ●● / ACTION / VIOLENCE RÉFLEXION / ÉMOTION ● / ÉROTISME

Télépoche, n° 1532, 24 au 30 juin 1995.

► *Calculez votre score en comptant deux points par réponse exacte.*

exercice 4

Sillonnez le texte du regard afin de trouver les réponses aux questions. Aidez-vous des titres : ils vous permettent de vous diriger rapidement vers le passage qui contient l'information.

Le nombre d'étoiles indique le nombre d'informations à fournir pour chaque réponse.

* **1.** Comment s'appelle le premier texte écrit en français ?
* **2.** À quelle date les règles de l'orthographe sont-elles fixées ?
*** **3.** Où et à quelle époque sont parlées les langues d'oc et les langues d'oïl ?
* **4.** Comment appelle-t-on la langue des soldats et des marchands romains ?
* **5.** Comment appelle-t-on la langue qui devient la langue littéraire et politique ?
* **6.** Comment faisait-on pour écrire au XIIe siècle ?
** **7.** Qui essaie de régulariser l'orthographe et à quelle époque ?

LA LANGUE FRANÇAISE

À l'origine : le latin

Ce n'est pas le latin classique, mais la langue des soldats et des marchands romains, c'est-à-dire le « latin vulgaire » ou « roman commun », qui s'est imposée en Gaule au début de l'ère chrétienne. Seuls quelques mots subsistent de l'ancienne langue celtique.

À partir du Ve siècle, des éléments nouveaux – apports des civilisations barbares – enrichissent la langue et la transforment.

Langues d'oc et langues d'oïl

Au Moyen Âge, on appelle « langues d'oc » les dialectes issus du latin et parlés au sud de la Loire et « langues d'oïl » ceux parlés au nord (« oc » et « oïl » étant les deux façons de prononcer « oui » dans le midi et dans le nord de la France).

Le « francien », dialecte parlé en Île-de-France, dans le domaine royal, appartient aux langues d'oïl. C'est lui qui devient la langue littéraire puis politique de la France.

De l'ancien français au français moderne

Sans perdre de ses origines latines, notre langue évolue au long des siècles. Son écriture au XIIe siècle était assez simple : on notait toutes les lettres prononcées. Ce sont les scribes qui, au siècle suivant, pour des raisons d'honoraires, la compliquent. Une grande fantaisie règne alors. Il y a des mots qui s'écrivent de dix façons différentes !

842 : le premier texte écrit en français

C'est le « serment de Strasbourg » qui scelle l'alliance entre Charles le Chauve et Louis le Germanique contre leur frère Lothaire.

Le français de ce texte est encore proche du latin.

Au XVIe siècle, Robert Estienne essaie de régulariser l'orthographe en se référant à l'origine des mots. Mais ce n'est qu'en 1835 que l'Académie française rendra ces règles officielles.

J.-P. Dupré, *Méga Junior, L'Encyclopédie vivante Nathan*, © éd. Nathan.

Calculez votre score en comptant deux points par réponse exacte.

exercice 5

Sillonnez le texte du regard afin de trouver les réponses aux questions. Aidez-vous des titres : ils permettent de vous diriger rapidement vers le passage qui contient l'information.

Le nombre d'étoiles indique le nombre d'informations à fournir pour chaque réponse.

* **1.** Pourquoi les travailleurs émigrés occupent-ils souvent des emplois mal payés ?

* **2.** Quelle est la cause de la pauvreté dans les pays développés ?

**** **3.** Sur quoi portent les programmes d'aide internationale ?

* **4.** Quelle est la cause de la pauvreté dans les pays du tiers monde ?

* **5.** Quelle est la principale cause d'émigration ?

** **6.** Quelles sont les deux caractéristiques des pays voisins vers lesquels a lieu l'émigration ?

LES PAUVRES DU MONDE

Il y a aujourd'hui 1,1 milliard de personnes qui sont au-dessous du seuil de pauvreté absolu. Elles ont moins de 6 francs par jour et par personne pour se nourrir, se loger, s'habiller, s'éduquer.

Les causes

La pauvreté est importante dans les pays du tiers monde où le développement agricole et industriel insuffisant ne peut assurer un niveau de vie correct à une population sans cesse croissante. Mais la pauvreté est également présente dans les pays développés, notamment dans les villes, où le chômage provoqué par la crise économique mondiale ne permet plus de donner à tous le salaire nécessaire à une vie décente.

L'aide internationale

Face à la pauvreté, les pays développés, l'ONU, la Banque mondiale ont mis en place des programmes d'aide. Celle-ci porte sur l'instruction élémentaire (alphabétisation), la formation des agriculteurs, sur l'éducation à la santé (création de dispensaires, vaccination...) et l'accès à l'eau potable.

Une des conséquences : l'émigration

Pour tenter d'échapper à la misère, beaucoup d'habitants s'expatrient. Ils émigrent vers les pays voisins plus riches et mieux développés. Ainsi de la Colombie au Venezuela, du Mexique vers les États-Unis, du Pakistan vers les émirats du golfe Persique, de l'Afrique vers l'Europe... Comme ils n'ont pas de formation professionnelle, ces travailleurs occupent des emplois peu ou mal payés. Ils vivent dans des conditions difficiles, mais envoient pourtant la plus grande partie de leur maigre salaire à leur famille restée au pays.

Méga Monde, L'Encyclopédie vivante Nathan, © éd. Nathan.

► *Calculez votre score en comptant deux points par réponse exacte.*

exercice 6

Sillonnez le texte des yeux, regardez l'illustration et sa légende afin de trouver les réponses aux questions. Notez-les ainsi que l'endroit où vous avez trouvé l'information (texte ou illustration).

Le nombre d'étoiles indique le nombre d'informations à fournir pour chaque question.

* **1.** Quel moyen utilise-t-on pour faire face à la consommation croissante de l'eau ?

*** **2.** Quels sont les trois états de l'eau dans la nature ?

* **3.** Quelle est la consommation moyenne d'eau par jour et par personne dans un pays peu développé ?

** **4.** Pourquoi l'eau est-elle nécessaire au développement d'un pays ?

* **5.** Comment s'appelle le lieu où sont traitées les eaux usées ?

***** **6.** Quelles sont les situations de la vie quotidienne où nous utilisons de l'eau ?

* **7.** Que peut-il se passer lorsque l'eau est polluée ?

*** **8.** Qu'est-on amené à faire pour pouvoir irriguer ?

*** **9.** Quels sont les trois types de pollution qui peuvent atteindre l'eau ?

L'eau douce est un bien précieux indispensable à la vie sur Terre. Les régions sans eau sont arides et inhabitées. L'eau est également essentielle au développement d'un pays, car l'agriculture et l'industrie en sont de grands consommateurs. Mais le progrès est créateur de difficultés, et souvent il perturbe le fragile équilibre de l'eau.

L'eau, plaisir et confort

Domestiquée, l'eau est source de bien-être. Elle est présente à tout moment dans notre vie : boisson, toilette, cuisine, lessive, piscine… Si elle vient à manquer, c'est la catastrophe. Sa consommation augmente avec le niveau de vie ; elle peut varier de 4 à 5 litres par jour et par personne dans un pays peu développé, à plus de 150 litres dans un pays riche.

L'eau sous surveillance

La pollution de l'air (oxyde de soufre, azote), la pollution des sols (phosphates, nitrates), le rejet d'eaux usées (industries polluantes) entraînent la pollution de l'eau et peuvent être la cause de transmission de maladies graves. La qualité de l'eau distribuée doit donc être surveillée en permanence.

L'eau renouvelable

L'eau des océans, des lacs, des fleuves, des rivières s'évapore sans cesse et retombe sous forme de pluies. Ce cycle permanent de l'eau renouvelle la masse utilisable, mais ne l'augmente pas. Pour faire face à la consommation croissante, des solutions sont envisagées. Le recyclage de l'eau en est une. Il consiste à faire subir un traitement chimique à l'eau « usée » pour lui rendre les qualités permettant son réemploi.

L'eau utilisable

Dans la nature, l'eau peut se présenter sous trois états différents : solide, liquide ou gazeux.

Station d'épuration

C'est le climat qui détermine l'état et l'abondance de l'eau d'une région. Sa répartition sur l'ensemble de la planète est donc inégale. Le manque d'eau liquide (régions polaires, déserts) est une gêne au développement.

Dans les glaces des pôles, 75 % des eaux du globe sont stockées. Dans les zones arides à forte évaporation, les puits atteignent parfois plusieurs centaines de mètres de profondeur ; il faut de puissantes pompes pour extraire cette eau du sol.

L'eau et les terres arides

Seule l'irrigation permet la mise en valeur de ces terres. Elle oblige à la construction de barrages, au stockage de l'eau et au creusement de canaux pour son transport. Le coût est très élevé. Certains pays d'Afrique et d'Asie l'ont toutefois réalisée.

Méga Monde, L'Encyclopédie vivante Nathan, © éd. Nathan.

Calculez votre score en comptant un point par réponse exacte.

CHAPITRE 8

LIRE
exploiter les écrits

Savez-vous que dans les livres documentaires, les manuels scolaires, les illustrations jouent un grand rôle ? Elles apportent des informations qui complètent le texte et permettent de mieux le comprendre. Il est important de les lire au même titre que le texte.

Par ailleurs, au collège, vos lectures débouchent souvent sur un écrit personnel. Dans ce cas, il ne suffit pas de lire mot après mot, phrase après phrase, texte après texte. Pour mener à bien votre propre réalisation, vous êtes sans cesse amené à comparer, trier, classer les informations, dégager les éléments importants, les noter.

OBJECTIFS DE CE CHAPITRE :

- ***Tirer parti de ses lectures.***
- ***Devenir soi-même auteur, producteur d'écrits.***

« RÈGLES DU JEU »

Comment reconnaître ce qui est essentiel dans un texte ?

• Les **mots essentiels** sont les mots **indispensables à la compréhension.** Sans eux, le texte n'aurait aucun sens Imaginons que vous prépariez une petite annonce payée au nombre de mots pour transmettre ce message : « Je cherche quelqu'un qui accepterait d'échanger des timbres avec moi » (dix mots).
Quels mots gardez-vous et pourquoi ? Répondez puis reportez-vous p. 146.

• Les **mots essentiels** sont aussi ceux qui sont **en rapport avec votre projet.** Si vous vous informez sur le climat d'un pays, tous les mots et tous les passages qui se rapportent à la population ne sont pas essentiels dans le cas présent.

1 Associer textes et illustrations

exercice 1

Retrouvez l'illustration qui correspond à chaque passage. Notez le numéro de l'illustration et la lettre du passage.

FEUX TRICOLORES : CAS PARTICULIERS

PASSAGES

A. Le feu jaune clignote en permanence.
Les usagers doivent passer avec prudence. En l'absence de panneaux, c'est la règle de la priorité à droite qui s'applique.

B. Le feu vert est remplacé par un feu jaune clignotant.
Les usagers sont autorisés à passer avec prudence en cédant le passage à ceux qui arrivent sur leur droite.

C. Une flèche jaune dirigée vers la droite clignote quand le feu rouge est allumé.
Les usagers qui sont dans la voie de droite et qui désirent tourner à droite peuvent le faire malgré le feu rouge. Ils doivent le faire lentement en cédant le passage aux piétons et aux usagers venant de la gauche.

D. Une flèche jaune dirigée vers le haut clignote quand le feu rouge est allumé.
Les usagers qui désirent aller tout droit peuvent le faire malgré le feu.

1

2

3

4

Code Rousseau junior,
Codes Rousseau.

Calculez votre score en comptant cinq points par réponse exacte.

exercice 2

Retrouvez l'illustration qui correspond à chaque passage. Notez le numéro de l'illustration et la lettre du passage.

LIGNES CONTINUES ET LIGNES DISCONTINUES

PASSAGES

A. La ligne discontinue est franchissable : le deux-roues est autorisé à dépasser.

B. La ligne discontinue est infranchissable : le deux-roues doit s'abstenir de dépasser.

C. Le franchissement de ces lignes accolées est interdit, puisque la ligne discontinue est de l'autre côté.

D. Le franchissement de ces lignes accolées est autorisé, puisque la ligne discontinue est du bon côté.

1

2

3

4

Code Rousseau junior, Codes Rousseau.

Calculez votre score en comptant cinq points par réponse exacte.

2 Associer légendes et illustrations

exercice 1

Les illustrations ont perdu leur légende, c'est-à-dire le petit texte qui les accompagne. Retrouvez la légende qui convient pour chaque illustration. Notez le numéro de l'illustration et la lettre de la légende.

AUJOURD'HUI, DES HOMMES À L'ÂGE DE PIERRE

1

3

2

4

LÉGENDES

A. La danse tient une place importante dans la vie des Boschimans[1].

B. Un Boschiman boit dans une « bouteille » réalisée dans un œuf d'autruche.

C. Un chasseur Boschiman s'apprête à décocher une flèche empoisonnée.

D. Les huttes des Boschimans sont construites avec des branchages. Elles ne servent que pendant quelques semaines.

E. Un Boschiman allume un feu. Il va enflammer une poignée de brindilles grâce à la sciure brûlante obtenue par la rotation rapide d'une baguette sur un morceau de bois sec.

A. Fax, *Aujourd'hui, des hommes à l'âge de pierre,* © éd. Nathan, « Monde en poche ».

1. Les Boschimans vivent en Afrique, dans le désert de Kalahari. C'est un peuple qui mène, encore de nos jours, la vie des hommes préhistoriques.

5

Calculez votre score en comptant quatre points par réponse exacte.

3 Placer des illustrations

exercice 1

Voici un texte et des illustrations accompagnées de leur légende. Préparez des renvois aux illustrations comme dans un manuel scolaire. Pour cela, indiquez à la suite de quel mot se situe chaque renvoi.

EN SUIVANT LES CHASSEURS

Cro-Magnon est un chasseur habile, capable d'attraper toutes sortes de petits animaux. Il sait aussi tuer des bêtes beaucoup plus fortes et plus rapides que lui, comme le mammouth, le bison, le renne ou le bouquetin. Pour cela, notre ancêtre a inventé des armes efficaces. Il utilise, par exemple, le bola, une sorte de lasso composé de lanières, munies à leur extrémité de boules de pierre. Une fois lancée, cette arme s'enroule autour des pattes de l'animal et provoque sa chute.

Mais son arme habituelle reste la lance à pointe de silex ou d'os, qu'il a sans cesse perfectionnée. Pour accroître la force et la précision du jet, il s'aide d'un nouvel instrument : le propulseur, sorte de rampe de lancement pour sagaie. Ce bâton, muni d'un crochet, prolonge le bras du chasseur et permet d'atteindre un but à plusieurs dizaines de mètres. Plus besoin d'approcher le gibier de trop près pour l'atteindre !

Venir à bout d'un mammouth, d'un bison ou d'un rhinocéros laineux présente des risques. Ces énormes bêtes sont puissantes, dangereuses. Cro-Magnon connaît cependant leurs habitudes et leurs points faibles. Il sait se camoufler sous des dépouilles d'animaux pour les approcher sans être vu ; il sait aussi leur tendre des pièges. Ici, il rabattra ses proies, par des cris et des feux, vers des marais où elles s'enliseront. Là, il creusera une fosse armée de pieux pointus, dissimulés sous des branchages.

Avec des omoplates de bison en guise de pelles, ces chasseurs ont creusé une fosse. Ils disposent au fond des pieux acérés, sur lesquels viendra s'empaler un animal.

1

Ces pierres, attachées à des lanières de cuir, que fait tournoyer un chasseur, sont des bolas. Une fois lancée, cette arme s'enroule autour des pattes de l'animal et provoque sa chute.

2

Faute d'arc, Cro-Magnon capture les perdrix des neiges avec des morceaux de bois fichés dans le sol et enduits de résine.
Un piège astucieux, encore utilisé de nos jours !

3

Ce propulseur servait à projeter à plusieurs dizaines de mètres la sagaie ou le harpon de Cro-Magnon. L'instrument était lié au poignet par une lanière de cuir.

4

P. Rastellini, *Les Hommes préhistoriques,* © éd. Nathan.

Calculez votre score en comptant cinq points par réponse exacte.

4 Placer et titrer des illustrations

exercice 1

Le texte comporte des petits carrés qui devaient servir à noter le numéro des illustrations auxquelles le lecteur pouvait se reporter. Les numéros ont disparu et les illustrations sont mélangées...

1. Retrouvez l'endroit où devaient se situer les numéros. Pour cela, notez après quel mot il faut les placer.

2. Donnez un titre aux illustrations.

LA SOCIÉTÉ FRANÇAISE

Depuis 1945, les transformations de la société se sont accompagnées de changements importants dans le mode de vie des Français.

• **Le niveau de vie a connu une amélioration très nette.** En effet, de 1949 à 1975, les salaires des Français ont augmenté en moyenne de 10 % par an quand les prix augmentaient en moyenne de 5 %. De ce fait, le pouvoir d'achat des Français a doublé en 20 ans.

Cela s'est traduit par une vie plus facile pour les familles françaises avec :
- des logements plus confortables ;
- un meilleur équipement ☐ ;
- des loisirs plus fréquents ☐ ☐.

• **Malheureusement, tous les Français n'ont pas bénéficié de la même façon de l'essor économique** de la France jusqu'en 1973 et de nombreuses inégalités demeurent. Les salaires sont très inégaux et le niveau de vie est donc très variable. Des familles vivent encore dans des conditions misérables. On a vu apparaître de « nouveaux pauvres ». Cela a provoqué un élan de solidarité et de générosité dans une partie de la population ☐.

Depuis 1973, le chômage très important a accru ces inégalités entre ceux qui ont du travail et ceux qui l'ont perdu ou qui, comme de nombreux jeunes, n'en ont pas encore trouvé. Ce chômage s'est encore accentué dans les années 90.

D'après J.-C. Hinnewinkel, *Histoire,* © éd. Nathan.

1

2

3

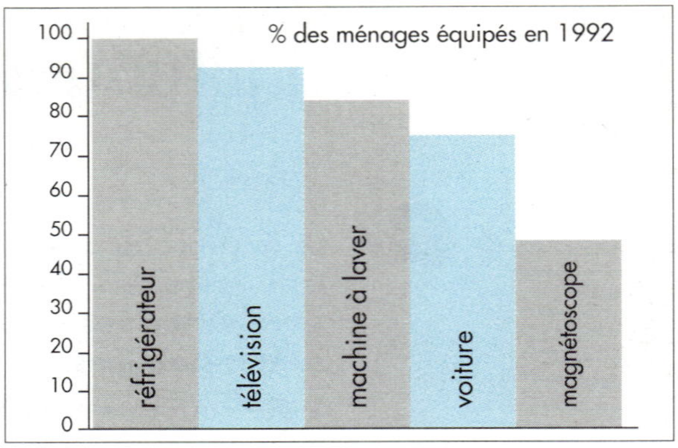

4

Calculez votre score en comptant deux points par illustration bien située et trois points par titre exact.

5 Tirer parti des textes et des illustrations

exercice 1 **Voici un texte et une illustration sur l'école dans la Rome antique. Annabelle a relevé dix informations. Indiquez si elle a trouvé ces informations grâce au texte (T), grâce à l'illustration (I), grâce au texte et à l'illustration (T + I).**

L'ÉCOLE ROMAINE

Elle imite l'école grecque. À sept ans, l'enfant entre à l'école primaire et ne la quitte que vers onze ans pour l'école du « grammaticus », qu'il suit jusqu'à quinze ans. Puis, s'il appartient à une riche famille, il passe chez le « rhéteur » pour suivre des études supérieures jusqu'à vingt ans. L'enfant de l'école primaire est confié à un serviteur, le « pédagogue », qui l'accompagne toute la journée.

Les livres sont rares, aussi le maître utilise-t-il des rouleaux de papyrus. Les enfants écrivent sur des tablettes de bois enduites de cire.

D'après *Méga Histoire, L'Encyclopédie vivante*
© éd. Nathan.

INFORMATIONS RELEVÉES PAR ANNABELLE

1. Les enfants et le maître ne portent pas les mêmes chaussures.
2. L'enfant va à l'école primaire de sept à onze ans.
3. Les enfants écrivent sur des tablettes.
4. Le pédagogue est un serviteur.
5. Les enfants sont assis sur des bancs.
6. Le maître utilise un rouleau de papyrus.
7. Le maître porte une toge.
8. Seuls les enfants de famille riche vont chez le rhéteur.
9. Le maître s'assied sur un fauteuil bas en rotin.
10. La tablette de bois sur laquelle écrivent les enfants est enduite de cire.

► *Calculez votre score en comptant deux points par réponse exacte.*

exercice 2

Les illustrations ont perdu une partie de leur légende.

Barème : 3 x 2 — **1. Retrouvez la deuxième partie de la légende pour chaque illustration.**

3 x 1 — **2. Trouvez trois informations communes aux illustrations et aux légendes.**

3 x 1 — **3. Trouvez trois informations fournies par les illustrations uniquement.**

8 x 1 — **4. Trouvez huit informations fournies par les légendes uniquement.**

ILLUSTRATIONS ET PREMIÈRE PARTIE DES LÉGENDES

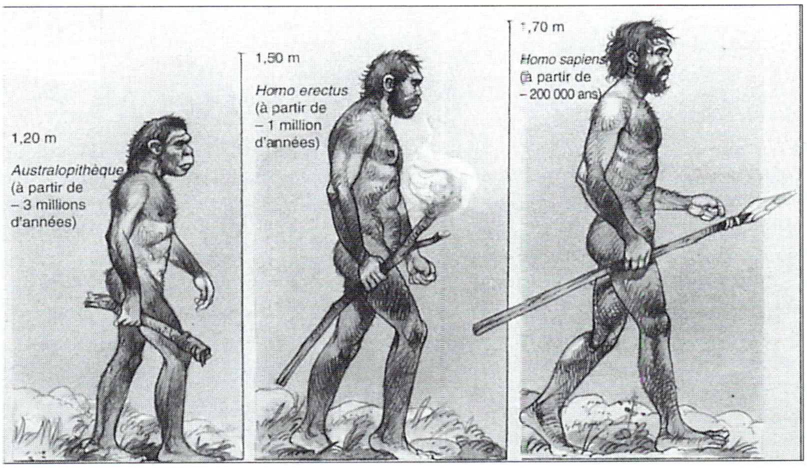

SECONDE PARTIE DES LÉGENDES

A. Il utilise le feu et fabrique des outils. Mieux équilibré, il peut marcher sur de longues distances.

B. Fort semblable à l'homme moderne, il est très habile de ses mains et sait parler.

C. Ce pré-humain a des difficultés à se tenir droit. Il ne peut marcher sur de longues distances.

Méga Histoire, L'Encyclopédie vivante Nathan, © éd. Nathan.

► *Calculez votre score selon le barème indiqué.*

6 Faire parler les illustrations

exercice **1** **Voici quatre dessins. Deux dessins sont commentés. À vous de rédiger le commentaire des deux autres dessins en vous aidant des informations suivantes.**

INFORMATIONS POUR LE DESSIN 3

– L'électricité est partout.
– De nombreux appareils électriques se répandent.
– Les cuisinières sont au gaz et à l'électricité.
– Les lampes éclairent très fort.

INFORMATIONS POUR LE DESSIN 4

– On peut programmer les appareils.
– Le congélateur se généralise.
– Le four électrique se nettoie seul.
– Le four à micro-ondes se répand.

DES PROGRÈS AU QUOTIDIEN

vers 1900, dans la cuisine

1

On s'éclaire au gaz ou au pétrole, peu de maisons ont l'électricité. La cuisine se fait sur des cuisinières à gaz, au bois, au charbon. Tous les appareils fonctionnent à la main (moulin à café, presse-purée...).

vers 1930, dans la cuisine

2

L'électricité commence à concurrencer le gaz pour l'éclairage et les appareils ménagers. Les premiers réfrigérateurs apparaissent mais on conserve encore la nourriture dans un garde-manger, une glacière, des bocaux...

vers 1960, dans la cuisine

3

vers 1990, dans la cuisine

4

M. Pelloté, *Méga Benjamin*, © éd. Nathan.

Calculez votre score en comptant dix points par commentaire.

7 Choisir les informations en fonction d'un but

exercice 1

Vous vous informez sur le blaireau pour préparer un petit dossier sur cet animal. Votre dossier comportera quatre parties :

- **la description physique du blaireau ;**
- **son mode de vie ;**
- **son habitat ;**
- **sa nourriture.**

1. Relevez brièvement ce qui concerne chacune de ces parties dans le texte suivant. Vous pouvez utiliser une feuille divisée en quatre.

2. Le texte aborde d'autres points qui pourraient constituer d'autres parties. Relevez au moins deux points et indiquez à quel thème ils se rapportent.

LE BLAIREAU

Il a un peu l'allure de l'ours et son air sympathique, mais il est beaucoup plus petit et vit dans les plaines. On le reconnaît à sa tête allongée blanche, bordée de deux bandeaux noirs recouvrant les yeux et les oreilles. Son poil raide et gris était utilisé pour faire des blaireaux à barbe et des pinceaux.

Le blaireau se déplace un peu lourdement sur ses courtes pattes et laisse des empreintes larges.

La nuit, il cherche sa nourriture et rend visite à ses voisins. Il habite en famille dans de grands terriers très ramifiés avec de nombreuses issues et cheminées. Il s'y réfugie à la moindre alerte. L'entrée d'un terrier se signale par une sorte de « toboggan » que le blaireau creuse en enlevant les déblais de terre qui encombrent son habitation. Dans cette entrée, tu trouveras aussi du foin, de la mousse qui sont tombés quand le blaireau a transporté du fourrage pour aménager la chambre où il vit. [...]

Le blaireau gratte la terre et retourne les pierres pour chercher des vers, des insectes, des petits rongeurs, de la charogne...

Il mange beaucoup d'herbe, de fruits, de racines et il est très gourmand de nids de guêpes.

En automne, son corps fait de grandes réserves de graisse. Ses réserves vont lui permettre de rester plusieurs semaines l'hiver dans le terrier, sans sortir et sans se nourrir.

La femelle (la blairelle) a une seule portée par an, à la fin de l'hiver, de un à quatre jeunes (les blaireautins), très joueurs, qui restent en famille jusqu'à l'automne. Ils aiment beaucoup l'eau.

Le blaireau, dans nos régions, n'a plus ses prédateurs, lynx et loups, alors que les grands carnivores le chassent en Asie.

Le plus grand ennemi du blaireau est l'homme, qui l'accuse de détruire le gibier, de faire des dégâts aux cultures et de transmettre la rage. C'est ce qui explique que, dans certaines régions, sa population diminue rapidement.

B. Bornancin, S. Marceau, *Les Petits Mammifères,*
© éd. Nathan, « Nathan doc 8/12 ».

Vous disposez d'un total de seize points pour la première partie de l'exercice. Enlevez deux points par information mal classée. Comptez deux points par réponse exacte pour la seconde partie de l'exercice.

8 Classer les informations

exercice 1

Les titres, les illustrations et les légendes ont été déplacés et mélangés. Retrouvez le titre et la légende qui conviennent pour chaque illustration.

L'IRIAN JAYA : UNE ÎLE EN POLYNÉSIE

TITRES

- Une maison dans les arbres.
- Tout le monde à l'école.
- Honneur aux anciens
- Un maquillage pour les fêtes
- La boue sert à tout

LÉGENDES

A. Ce ne sont pas les femmes qui se font belles pour les cérémonies mais les hommes ! Ils se fabriquent des colliers et des ceintures, avec les os d'un oiseau appelé le casoar. Pour se maquiller le visage et le corps, ils se servent de graisse de serpent et de charbon de bois.

B. Sur cette île, très peu de Papous savent écrire. D'ailleurs, les cahiers et les crayons n'existent pas, on se sert de craies. Une centaine de tribus vivent dans cette région et parlent toutes un dialecte différent. Difficile de se comprendre ! L'instituteur des villages apprend aux parents et aux enfants à parler l'indonésien, qui est la seule langue officielle du pays.

C. Les parents utilisent la boue pour construire des objets. Séchée, elle est très résistante. Les enfants jouent à se rouler dedans car c'est bon pour la peau. Ils l'utilisent aussi pour fabriquer des billes.

D. L'Irian Jaya est une région de marécages et de jungle. Pour se protéger des animaux sauvages, les Papous installent leur cabane à 7 m du sol. Ils n'ont pas besoin de construire des plafonds très hauts, car un Papou adulte mesure rarement plus de 1,50 m.

E. Les Papous respectent les traditions et sont très superstitieux ! Les pères gardent toujours chez eux le crâne du grand-père disparu. Et, très jeunes, les garçons apprennent à sculpter les personnes importantes du village.

1

2

3

4

5

P'tit Loup, n° 75, mai 1995.

► *Calculez votre score en comptant deux points par réponse exacte.*

exercice 2

Le titre du texte a disparu ; les titres des différentes parties, c'est-à-dire les sous-titres, sont déplacés et mélangés.

1. Retrouvez les sous-titres (A à E) qui conviennent pour chaque partie (1 à 5). Notez la lettre et le numéro qui correspondent.

2. Trouvez un titre qui donne une idée du contenu du texte.

SOUS-TITRES

A. L'usure
B. La pollution
C. Le manque de place
D. La misère
E. Des tonnes d'ordures

PARTIES

1. D'immenses bidonvilles s'étendent près de la ville de Rio de Janeiro, au Brésil. Des millions de personnes vivent dans des logements misérables. À New York, Londres ou Paris, des dizaines de milliers de personnes occupent des logements sans aucun confort. Des milliers d'autres dorment dans la rue, le métro, les gares…

2. Au Caire, la capitale de l'Égypte, des chiffonniers fouillent les décharges où des tonnes d'ordures sont déversées. Parmi eux, des milliers d'enfants pauvres récupèrent les déchets pour les vendre.

3. Los Angeles grandit sans cesse. Elle est si vaste que des autoroutes relient ses quartiers. Tokyo grignote du terrain sur la mer. On prévoit d'y construire une île où se dressera un gratte-ciel de 2 000 mètres de haut. Une véritable ville.

4. À Mexico, les automobiles et les industries empoisonnent l'air. La pollution dépasse parfois ce que les habitants peuvent supporter. Chaque année elle tue 10 000 personnes.

5. Pendant des dizaines d'années, New York a été mal entretenue par manque d'argent (pourtant on dit que c'est une ville riche…). Les rues sont défoncées. Des canalisations d'eau éclatent tout d'un coup.

E. de Henning, *Les Grandes Villes,* © éd. Nathan, « Encyclopédie buissonnière ».

> *Calculez votre score en comptant trois points par réponse exacte dans la première partie de l'exercice et cinq points pour la seconde partie.*

exercice 3

Dans un texte documentaire, les sous-titres annoncent le contenu du passage qui suit et, souvent, le résument.

1. Les sous-titres de ce texte intitulé « Un comportement nouveau face à la nature » ont été mélangés. Retrouvez le sous-titre qui convient pour chaque passage.

2. Voici un début de résumé élaboré grâce aux sous-titres. Terminez-le.

DÉBUT DE RÉSUMÉ

Les hommes commencent à comprendre qu'il est nécessaire de tenir compte des répercussions de leurs actions sur l'environnement. Pour cela, cinq types d'actions sont à mettre en place.

SOUS-TITRES

A. Innover en matière d'agriculture
B. Prévenir au quotidien
C. Mener des études scientifiques
D. Penser à la faune sauvage
E. Prévoir et surveiller

PASSAGES

1. Avant la création d'une centrale électrique, d'une grande usine, d'un barrage ou d'une ville nouvelle, on doit réaliser une étude d'impact. Il s'agit de connaître l'état initial du milieu naturel et d'estimer de quelle manière il risque d'être modifié.

2. Il existe des laboratoires de l'environnement qui analysent régulièrement l'eau, l'air ou les produits alimentaires. Les pollutions peuvent ainsi être rapidement détectées.

3. Les villes sont source de pollutions diverses. Cependant, chacun peut contribuer à sauvegarder l'environnement, d'abord en évitant de gaspiller l'énergie. On ne doit pas jeter dans l'égout ou dans la nature les huiles de vidange ou les piles au mercure.

4. Les nuisances causées par les engrais et les pesticides sont considérables. On peut utiliser des engrais naturels (fumier, algues). Il est possible d'éliminer les parasites des cultures en se servant des ennemis naturels des parasites.

5. Les autoroutes et les voies de TGV constituent des barrages infranchissables pour les gros animaux terrestres comme les cerfs et les sangliers. Lors de la construction de ces ouvrages, on prévoit des ponts et des souterrains qui permettent les déplacements des animaux.

Méga Nature, L'Encyclopédie vivante Nathan, © éd. Nathan.

► *Calculez votre score en comptant deux points par réponse exacte dans la première partie de l'exercice et deux points par information mentionnée dans la seconde partie.*

9 Relever l'essentiel

exercice 1

Les animaux de grande taille sont menacés pour trois raisons. Lesquelles ? Notez-les en utilisant huit mots au maximum. Pour cela, supprimez les articles et les mots non indispensables.

MENACES SUR LES GRANDS ANIMAUX

Il y a trois raisons pour que la disparition menace surtout les animaux de grande taille : ce sont des gibiers « rentables » (beaucoup de viande d'un seul coup), ils sont relativement faciles à atteindre et enfin, en règle générale, leur reproduction est très lente. Les éléphants en Afrique, les baleines dans toutes les mers ne doivent leur survie qu'à de sévères mesures de protection.

Méga Senior, L'Encyclopédie vivante Nathan, © éd. Nathan.

► *Calculez votre score en comptant deux points et demi par mot exact.*

exercice 2 Lisez le texte et répondez aux questions sans dépasser le nombre de mots indiqués.

LES PHASES DE L'ÉVOLUTION DE L'ESPÈCE HUMAINE

Premières habitations
Première grande migration

Pendant longtemps, l'homme a vécu de façon nomade dans les abris que la nature lui offrait au gré de ses déplacements.

Mais, il y a 1,5 million d'années, il semble qu'il ait commencé à construire ses propres habitations. Il s'agit alors de pieux calés dans le sol par des pierres et supportant des branchages. À la même époque, l'homme a quitté l'Afrique pour gagner l'Asie et l'Europe.

La révolution du feu

En faisant jaillir, il y a 50 000 ans, le feu par le frottement de pierres ou de tiges de bois, l'homme a bouleversé son existence. Il peut se protéger du froid et cuire ses aliments. Il se libère des contraintes du cycle solaire. Mais la possession du feu devient désormais un enjeu de pouvoir.

La naissance de l'art

À partir de 30 000 ans av. J.-C., apparaît l'*Homo sapiens*, qui nous ressemble comme un frère. Il est plus grand que ses prédécesseurs et son crâne est plus développé. Très habile de ses mains, c'est avec lui que commence l'aventure de l'art. Il se met à peindre, sur les parois des grottes, de grands animaux et des scènes de chasse, comme à Lascaux ou à Altamira (Espagne). Ailleurs, il réalise des petites sculptures de divinités représentant des déesses de la fécondité, telle la Vénus retrouvée à Brassempouy (Landes).

La sédentarisation : agriculture et artisanat

Il faut attendre le néolithique, à partir de 8 000 à 7 500 ans environ av. J.-C., pour que l'homme abandonne petit à petit son mode de vie ancestral. L'atmosphère s'est réchauffée, la dernière grande glaciation est passée. L'homme commence à cultiver graines et plantes. Il domestique certains animaux, comme le chien, puis le mouton, et construit de véritables villages. Il invente la poterie, qu'il perfectionne inlassablement en multipliant formes et dimensions.

Méga Senior, L'Encyclopédie vivante Nathan, © éd. Nathan.

Vous pouvez toujours revenir au texte.

1. Deux nouveautés sont apparues dans la vie de l'homme il y a 1,5 million d'années, lesquelles ? Répondez par deux fois deux mots. Pour cela, supprimez les articles, les mots non indispensables.

2. L'utilisation du feu par l'homme a entraîné deux conséquences, lesquelles ? Répondez par deux fois deux mots.

3. L'*Homo sapiens* s'est livré à deux nouvelles activités, lesquelles ? Répondez par deux fois un mot.

4. À l'époque du néolithique, l'homme s'est livré à quatre nouvelles activités, lesquelles ? Répondez par trois mots pour la première activité, par deux mots pour les autres.

> *Calculez votre score en comptant deux points par réponse exacte à condition qu'elle comporte le nombre de mots indiqué. En cas de mot supplémentaire, enlevez un point.*

exercice 3

Barème : 18

Lisez l'article.

1. Préparez une grille comme celle qui vous est proposée afin d'y noter, le plus brièvement possible :

a. les informations qui se rapportent à la date et au lieu (quand et où ?) ;

b. les informations qui se rapportent aux personnes (qui ?) ;

c. les informations qui se rapportent aux faits (que s'est-il passé ?) et à leurs conséquences (quelles conséquences ?) ;

2 **2. Donnez un autre titre à l'article.**

	Points
Quand ?	2
Où ?	2
Qui ?	6
Que s'est-il passé ?	6
Quelle(s) conséquence(s) ?	2

1962

LE GROUPE DES BEATLES

À LA RECHERCHE D'UNE MAISON DE DISQUES

1er janvier.

Un enregistrement-test a eu lieu aujourd'hui dans les studios de la firme de disques Decca à Londres : les quatre garçons sélectionnés pour l'enregistrement forment un groupe, les « Beatles », qui s'est fait connaître, surtout à Liverpool, par de nombreux concerts au cours de l'année dernière. L'impresario du groupe, Brian Epstein, avait réussi après maints efforts à arranger le rendez-vous chez Decca pour John Lennon, George Harrison, Paul McCartney et Ringo Starr, qui a remplacé Pete Best. Malgré le succès escompté, la première apparition des Beatles dans un studio a été un fiasco complet ; leurs efforts ne parviendront pas à convaincre les responsables de Decca de les éditer. Les spécialistes de la firme ont en effet estimé, à l'écoute des premières bandes d'enregistrement, que le groupe n'avait aucune chance d'obtenir un succès populaire et commercial. La connaissance du marché des spécialistes en question les porte à penser que ce groupe, avec son rythme et ses guitares, ne saurait plaire au public. Après l'échec de cette tentative de production par les voies officielles, Epstein et ses protégés décident de produire eux-mêmes le premier disque des Beatles.

Chronique du XXe siècle, © éd. Larousse.

Calculez votre score selon le barème indiqué.

exercice 4

Barème : 18

Lisez cet article.

1. Préparez une grille comme celle qui vous est proposée afin d'y noter le plus brièvement possible :

a. les informations qui se rapportent à la date et au lieu de l'événement (quand et où ?) ;

b. les informations qui se rapportent aux personnes (qui ?) ;

c. les informations qui se rapportent aux faits, aux causes et aux conséquences (que s'est-il passé, quelles causes, quelles conséquences ?).

2 **2. Donnez un autre titre à l'article.**

	Points
Quand ?	2
Où ?	2
Qui ?	2
Que s'est-il passé ? 1°), 2°), etc.	8
Quelles causes ?	3
Quelles conséquences ?	3

1930

À LYON, LA COLLINE DE FOURVIÈRE S'EFFONDRE

22 novembre.
Cette nuit, à Lyon, la colline de Fourvière, célèbre pour son charme pittoresque et vieillot, a vécu un véritable cauchemar. L'îlot dormait, paisible, lorsque vers 1 heure, une formidable explosion retentit. Une maison s'écroule, poussée par une autre. Réveillés en sursaut, aveuglés par les gravats, les habitants se sauvent en hurlant. Les secours arrivent rapidement et luttent pour dégager les blessés des décombres. C'est alors que se produit une seconde catastrophe, plus grave encore : les malheureux sont ensevelis sous une avalanche de matériaux roulant du sommet de la colline. Au total, 40 personnes sont mortes dont 19 pompiers et 4 policiers. Ce drame est dû aux glissements des terrains supérieurs de la colline, le sous-sol étant miné par des eaux souterraines. Le président Doumergue a adressé à M. Herriot, maire de Lyon, une somme de 10 000 F pour les premiers secours aux familles des victimes. Ce drame prend dans le pays tout entier l'allure d'un deuil national. ■

Chronique du XXe siècle, © éd. Larousse.

► *Calculez votre score selon le barème indiqué.*

10 Établir la carte d'identité d'un animal

exercice 1

Karim prépare un fichier sur les animaux. Il sélectionne les informations caractéristiques de chaque animal et les note brièvement selon la présentation suivante.

Nom de l'animal

- Description physique (par exemple, sa taille, son poids, sa fourrure, sa queue…) :
- Signes distinctifs :
- Mode de vie :
- Habitat :
- Caractère :
- Alimentation :
- Technique de chasse :
- Reproduction :
- Longévité :
- Ennemis :

Toutes les rubriques ne sont pas nécessaires pour tous les animaux (ou le document ne fournit pas tous les renseignements).

Aidez Karim à compléter son fichier en établissant la carte d'identité du chat sauvage.

LE CHAT SAUVAGE

On l'appelle aussi chat forestier. Il ressemble à un grand chat domestique tigré. Mais les rayures noires de son pelage forment des dessins bien précis sur un fond gris ou roux. Sa queue est courte et se termine par un bout rond et noir. Il a une grosse tête aux oreilles courtes qui s'aplatissent lorsqu'il se sent en danger. Il mesure de 47 à 60 centimètres, il pèse de 3 à 8 kilos, le mâle étant plus gros que la femelle.

Le chat sauvage est accusé de manger les lièvres, les lapins, les petits chevreuils et de s'attaquer à l'homme ! Des études récentes ont montré qu'en fait il se nourrit surtout de petits rongeurs qu'il chasse à l'affût. Il ne doit donc pas être considéré comme un animal malfaisant.

Il vit seul ou en couple, habitant dans les arbres creux, les trous de rochers. Il peut grimper dans les arbres pour dénicher les oiseaux, ou se reposer, mais aussi pour se réfugier. Il en descend maladroitement. Il est très méfiant et difficile à voir.

La chatte sauvage a 3 ou 4 chatons par an, à la fin du printemps. Abondant autrefois, le chat sauvage est devenu rare.

B. Bornancin, S. Marceau, *Les Petits Mammifères,* © éd. Nathan, « Nathan doc 8/12 ».

Calculez votre score en comptant deux points par information notée.

11 Réaliser une fiche de film

exercice 1

Voici la présentation de huit films. Préparez, pour chacun d'entre eux, une fiche technique en suivant le modèle proposé.

Fiche de film

- Titre :
- Réalisateur :
- Acteurs principaux : — Pas plus de trois.
- Genre :
- Époque : — Si cette indication ne figure pas, vous pouvez peut-être la déduire.
- Lieu(x) :
- Sujet : — Personnage + nœud de l'histoire (ex. pour *Kenny :* histoire d'un enfant handicapé).
- Particularités :

KENNY
de Claude Gagnon

Drame. Un enfant de 13 ans qui assume son terrible handicap : être né sans jambes ni bassin à sa naissance. Portrait du milieu familial dans un quartier ouvrier de Pittsburgh. Un exemple de la volonté de survivre, une analyse émouvante des réactions de son entourage. Un accent de vérité. 1.35.

LE MASQUE DE FER
d'Henri Decoin

Aventures historiques. Jean Marais au service d'une énigme de l'Histoire : l'existence vraie ou fausse d'un jumeau de Louis XIV que d'Artagnan va chercher dans sa prison de l'île Sainte-Marguerite pour le ramener à Paris, le jeune roi étant malade. Belle évocation de la France de Mazarin. 2.05

LES AVENTURES DE RABBI JACOB
de Gérard Oury

Comédie. De Funès déguisé en rabbin se réfugie à Paris pour échapper à des tueurs. Belle méprise à l'aéroport où une famille de la rue des Rosiers attendait le vrai rabbin. Gags pêle-mêle, situations rocambolesques, éclats de rire pour cette farce à succès. 1.35

SALUT L'AMI, ADIEU LE TRÉSOR
de Sergio Corbucci

Comédie. Pas toujours réussis les exploits du fameux tandem Bud Spencer-Terence Hill. Cette fois, ils partent à la recherche d'un trésor de guerre caché dans une île du Pacifique. Ils auront affaire à des gangsters eux aussi sur le coup. Du rythme et de l'humour. 1.40

LES ROIS DU SPORT
de Pierre Colombier

Comédie. Un peu vieillot et simpliste mais le plaisir d'un rendez-vous avec Fernandel, Raimu, Jules Berry, Julien Carette. Les tribulations d'un footballeur de Marseille qui devient, à la suite de quiproquos, champion de boxe et de course automobile. Avec des dialogues d'Henri Jeanson. Colorisé. 1.40

PROMIS… JURÉ !
de Jacques Monnet

Comédie. La guerre et l'Occupation vues par un garçon de 12 ans dans une petite ville bretonne. Un regard juste sur cette période et l'idylle innocente d'un amoureux précoce, qui fait de son grand nez un complexe. Interprété avec fraîcheur par Michel Morin et Jean Girault. 1.40

MONSIEUR PAPA
de Philippe Monnier
Comédie de mœurs. Tout va bien entre ce papa divorcé et son fils, Laurent, dont il a la charge. Mais un drame surgit entre eux et le garçonnet la refuse. Un voyage en amoureux, dont il est exclu pour cause d'argent, le pousse à mal agir. Pochade sans prétention avec Claude Brasseur et Nathalie Baye.
1.30

FORT SAGANNE
d'Alain Corneau
Aventures. La magie du désert du Sahara avec ses sables chauds, ses dunes. Les tourmentes d'un conflit, en 1911, entre pacificateurs et guerriers irréductibles. Un personnage attachant : Depardieu en lieutenant idéaliste et courageux. Des longueurs à la fois inévitables et nécessaires.
2.55

D'après *Télé 7 Jours,* nos 1833, 1834, 1835, juillet et août 1995.

➤ *Calculez votre score en comptant deux points et demi par fiche exacte.*

12 Préparer une feuille de route

exercice 1 **Lisez le texte afin de préparer une feuille de route sur le modèle de celle qui vous est proposée.**

Feuille de route

Nom	Activité 1	Activité 2	Activité 3	Activité 4
Gordon	suivi du programme			
Briant	cours	conférence		
Doniphan	cours	conférence		
Cross	cours			
Baxter	cours			
Wilcox				
Webb				

À CHACUN SON TRAVAIL

Un bateau, le Sloughi, *a fait naufrage dans une île déserte : French-den. À son bord se trouvaient des garçons de huit à quinze ans. Les voilà seuls, livrés à eux-mêmes. Peu à peu, sous la responsabilité de Gordon, la vie s'organise dans l'île.*

Pour organiser la vie intérieure dans les meilleures conditions, Gordon se mit en devoir d'élaborer un programme d'occupations quotidiennes.

Voici ce qui fut convenu, après avoir été soumis à l'approbation de la petite colonie :

Deux heures le matin, deux heures le soir, il y aurait travail en commun dans le hall. À tour de rôle, Briant, Doniphan, Cross, Baxter, de la cinquième division, Wilcox et Webb, de la quatrième, feraient la classe à leurs camarades des troisième, seconde et première divisions. Ils leur enseigneraient mathématiques, géographie, histoire, en s'aidant des quelques ouvrages de la bibliothèque ainsi que de leurs connaissances antérieures. Ce serait pour eux l'occasion de ne point oublier ce qu'ils savaient déjà. De plus, deux fois par semaine, le dimanche et le jeudi, il y aurait une conférence, c'est-à-dire qu'un sujet de science, d'histoire ou même d'actualité, se rapportant aux événements journaliers, serait mis à l'ordre du jour. Les grands se feraient inscrire pour ou contre, et ils discuteraient autant pour l'instruction que pour l'agrément général.

Gordon, en sa qualité de chef de la colonie, veillerait à ce que ce programme fût observé, et ne subît de modifications que dans le cas d'éventualités nouvelles.

Et d'abord, une mesure fut prise, qui concernait la durée du temps. On avait le calendrier du *Sloughi,* mais il fallait en effacer régulièrement chaque jour écoulé. On avait les montres du bord, mais il fallait qu'elles fussent remontées régulièrement, afin de donner l'heure exacte. Deux des grands furent chargés de ce service. Wilcox pour les montres, Baxter pour le calendrier, et l'on pouvait compter sur leurs bons soins. Quant au baromètre et au thermomètre, ce fut à Webb qu'incomba la tâche de relever leurs indications quotidiennes.

Autre décision qui fut également prise : c'est qu'il serait tenu un journal de tout ce qui s'était passé et de tout ce qui se passerait pendant le séjour sur l'île Chairman. Baxter s'offrit pour ce travail, et, grâce à lui, le « journal de French-den » allait être fait avec une minutieuse exactitude.

J. Verne, *Deux Ans de vacances,* © éd. Hachette.

Calculez votre score en comptant deux points par réponse exacte.

13 Établir un schéma récapitulatif

exercice 1

À quoi sert la trompe de l'éléphant ? C'est la question que se pose Damien. Lisez le texte et répondez-lui en complétant le schéma après l'avoir reproduit sur une feuille. Utilisez le moins de mots possible.

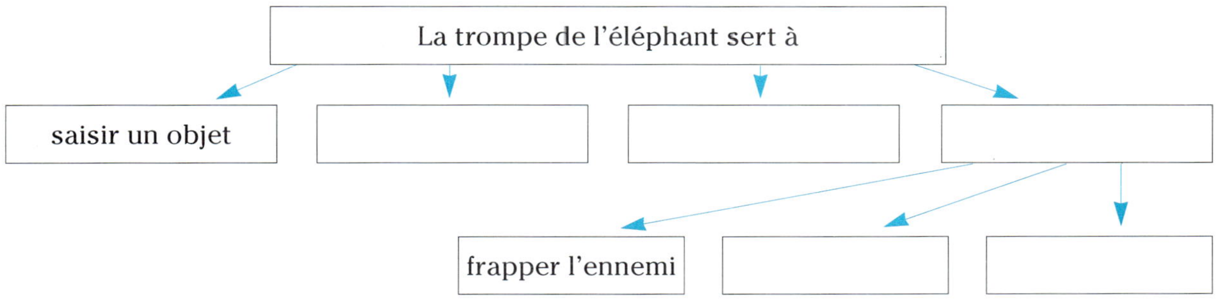

L'ÉLÉPHANT

L'éléphant se fait particulièrement remarquer par la longueur de sa trompe qui n'est, en fait, qu'un énorme nez dont les narines s'ouvrent juste au bout. La trompe se termine par deux sortes de doigts qui permettent de saisir un objet. La trompe est aussi un véritable aspirateur d'une contenance de six ou sept litres. C'est encore un bruyant instrument de musique donnant les coups de trompette du barrissement. Enfin, la trompe peut servir d'arme, pour frapper un ennemi, le lancer en l'air ou l'étouffer.

D'après *Les Mammifères,* © éd. Casterman.

Calculez votre score en comptant deux points par case complétée.

14 Établir une fiche récapitulative

exercice 1

Lisez le texte. Préparez une fiche qui récapitule en peu de mots les principales caractéristiques qui distinguent l'homme du singe. Le début et la fin de la fiche vous sont donnés en exemple.

À chaque tiret correspond une information.

Ce qui distingue l'homme du singe	
– Marche en se tenant droit	–
–	–
–	–
–	–
–	–
–	– Parle

EN QUOI SOMMES-NOUS HUMAINS ?

Nos plus proches cousins – les gorilles et les chimpanzés – nous ressemblent et souffrent des mêmes maladies que nous. Pourtant, il existe de grandes différences.

Les humains marchent debout en se tenant droit. Les singes, eux, se déplacent en se balançant sur leurs membres. Cette démarche leur a donné de longs bras et des épaules très développées.

En marchant debout, nous pouvons nous servir de nos mains. À force de les utiliser, nos pouces sont devenus plus adroits et plus précis.

Les dents humaines sont plus petites et plantées différemment de celles des singes. Nos muscles faciaux sont donc moins puissants ; nos arcades sourcilières et notre mâchoire sont moins marquées.

Mais surtout, nous possédons un cerveau plus gros et plus complexe. Si notre vue, notre ouïe et notre odorat sont beaucoup moins développés que ceux des animaux, en échange nous avons le pouvoir de raisonner.

Cette faculté – humaine – nous permet de trouver la solution d'un problème, de la conserver dans notre mémoire, puis de la transmettre aux autres par le moyen de la parole, une capacité humaine supplémentaire.

Ce sont ces dons particuliers qui nous différencient de nos cousins, les singes. C'est pourtant chez ces lointains parents qu'il faut rechercher l'origine de nos ancêtres : ceux qu'on appelle les hommes primitifs.

A. Millard, *Les Hommes préhistoriques,* © éd. Nathan, « Doc en poche ».

Calculez votre score en comptant deux points par réponse exacte.

15 Établir un tableau récapitulatif

exercice 1

Préparez un tableau comme celui qui vous est proposé. Complétez-le à l'aide du texte. Vos réponses doivent comporter un minimum de mots.

	Comment se nourrissent-ils ?	**Comment est leur bec ?**
Rapaces		
Aras		
Pics		
Spatules et flamants		

COMMENT SAVOIR DE QUOI SE NOURRIT UN OISEAU EN REGARDANT SON BEC ?

Les oiseaux peuvent manger : des graines, des insectes, des coquillages, des vers, de la viande. L'examen de leur bec peut nous aider à trouver leur régime alimentaire.

Les rapaces, qui déchiquettent les proies ou les charognes dont ils se repaissent, ont un bec puissant et crochu. Et, savez-vous que si l'on élève un petit poulet avec de la viande uniquement, son bec deviendra crochu comme celui d'un rapace !

L'ara, qui mange surtout des graines de grande taille et très dures, a un bec large à la base. Secondairement, cet animal se sert de la pointe de son bec pour grimper.

Les pics ont un long bec droit, tranchant à l'extrémité. Ils s'en servent pour creuser les arbres à la recherche d'insectes ou de larves qu'ils capturent avec leur très longue langue visqueuse.

Les spatules et les flamants ont des becs plats ou recourbés qui leur permettent de racler le fond des marécages où ils trouvent de petits animaux.

G. Barthélémy, *Les Animaux et leurs secrets*, © éd. Nathan.

Calculez votre score en comptant deux points et demi par réponse exacte.

exercice 2

Préparez un tableau comme celui qui vous est proposé. Notez, dans ce tableau, les aspects positifs (les avantages) et les aspects négatifs (les inconvénients) des changements survenus en raison des progrès techniques. Soyez bref !

À chaque tiret correspond une information.

Aspects positifs	Aspects négatifs
– ordinateurs plus performants – – –	– – – –

LES PROGRÈS TECHNIQUES AU XXe SIÈCLE

De plus en plus, la machine fait le travail que les ouvriers faisaient autrefois ; les ateliers sont parfois automatisés avec des robots. Dans ce cas, les ouvriers commandent et surveillent les machines.

Dans les bureaux, les ordinateurs permettent de faire davantage de travail en moins de temps.

Pour tous les travailleurs, le temps de travail pendant la journée diminue. Les congés annuels augmentent : deux semaines par an à partir de 1936 ; cinq semaines à partir de 1981.

Cependant, beaucoup d'entreprises rencontrent des difficultés économiques qui entraînent la mise au chômage d'une partie de leur personnel. Certaines font même faillite pendant que d'autres se créent.

Les temps de transport sont moins longs. Le train à grande vitesse (TGV) met deux heures pour faire les 450 kilomètres entre Paris et Lyon. Mais l'augmentation de la circulation automobile provoque parfois de gros embouteillages et fait perdre beaucoup de temps.

J.-C. Hinnewinkel, *Histoire-géographie-éducation civique,* © éd. Nathan.

Calculez votre score en comptant deux points et demi par réponse exacte.

Commentaires de la petite annonce préparée p. 121.

• Quels mots avez-vous gardés ? Sans doute : « Cherche échanger timbres » (trois mots).

• Vous avez conservé les mots « pleins », porteurs d'information. Vous avez supprimé les mots « vides », non porteurs d'information : les pronoms *(je, qui)* ; les articles *(des)* et les mots qui ne donneraient aucun renseignement utile par rapport à ce que vous voulez communiquer : *cherche quelqu'un* (dans une petite annonce, on cherche toujours quelqu'un ou quelque chose…), *accepterait* (si la personne est d'accord pour échanger des timbres, c'est qu'elle accepte…), *moi* (précision superflue !).

• En revanche, si vous gardez les mots précédents : *je, quelqu'un, qui accepterait, des, avec moi,* personne ne comprend ce que vous vous écrivez.

BILAN d' ARRIVÉE

Test 1

Lisez le texte à votre rythme habituel. Répondez ensuite aux questions sans revenir au texte.

Notez l'heure exacte au début et à la fin de la lecture du texte ou suivez les indications données par le professeur.

OÙ EST LA VALISE ?

Annie, Jérôme et Nicolas partent en vacances. Malheureusement, Jérôme a perdu son billet de chemin de fer. Les enfants décident de vider une valise et d'y cacher Annie. Le voyage est long. Impossible de libérer Annie. Une femme et ses enfants ainsi qu'un homme ne quittent pas un instant le compartiment. Enfin, le train arrive. L'homme descend la valise où se trouve Annie sur le quai. Soudain, Jérôme pousse un cri : la valise a disparu !

– C'est lui ! Sûr que c'est lui !

– Que vous arrive-t-il ? demande la mère.

– Notre valise. On nous a volé notre valise !

– Qui voulez-vous qui vous l'ait volée ? Avez-vous bien regardé ?

Sûr qu'ils ont bien regardé. Ils ouvrent des yeux immenses. Mais la valise n'est plus là. Et si c'est l'homme, il est déjà loin !

– Annie ! Annie ! se lamente Jérôme.

– Que dites-vous là ? demande la mère.

Nicolas et Jérôme s'élancent comme des fous en direction de la sortie.

– Vite ! Vite ! crie Nicolas.

Mais Jérôme qui porte le paquet d'habits a du mal à suivre. Il se tord un pied, perd l'équilibre et choit de tout son long sur le quai. Nicolas le ramasse.

– Tu as mal ?

– Non, ce n'est rien.

– Vite ! Vite !

Ils repartent. Pour gagner la sortie, il faut prendre le souterrain. Ils franchissent des marches, sautent, escaladent, se font disputer par les voyageurs qu'ils bousculent.

Ils arrivent dans le hall de la gare. L'homme n'y est pas. Quelle histoire ! Quelle affreuse histoire !

Les deux garçons s'arrêtent hors d'haleine, désespérés. « Comment faire ? Comment dire ? Faut-il prévenir la police ? Quelle histoire ! Commençons par tout raconter au cousin. Mais où est-il le cousin qui devait venir nous chercher ? Sous la pendule. C'est là le lieu de rendez-vous. Il n'y a pas de cousin sous la pendule. Pas de cousine. Et plus de valise ! Quel malheur ! »

– Les enfants de monsieur Poulain sont priés de se rendre au bureau du chef de gare.

C'est le haut-parleur qui vient de donner de la voix.

– Les enfants de monsieur Poulain ? Mais c'est nous ! Nous ! crie Nicolas.

Ils se présentent au bureau du chef de gare.

– Bonjour, les enfants. Vous êtes rouges ! Vous avez couru ? Il ne fallait pas courir comme ça. Rien de grave. J'ai reçu un coup de fil de votre cousin. Oui, c'est un ami. Il sera un peu en retard. Il m'a demandé de vous faire attendre tous les trois. Au fait, il m'a dit que vous étiez trois. Deux garçons et une fillette. Ça n'est pas exact ?

– Si, si… dit Nicolas. C'est… c'est ma sœur qui manque.

– Où est-elle ? insiste le chef de gare qui s'inquiète.

nombre de mots :

– Elle est… dans la valise, répond Jérôme. […]

457 Le chef de gare a écouté attentivement le récit et a aussitôt ap-
460 pelé la police.
468 Deux policiers arrivent auxquels il faut tout répéter.
478 – Allons, les enfants, un peu de patience, disent les policiers.
487 On va la retrouver votre… Comment se prénomme-t-elle ?
490 – Annie, soupire Jérôme.
497 – On va vous la retrouver votre Annie.
505 C'est un chauffeur de taxi qui la retrouva.
516 – Ah ! bon, qu'il raconta. Une valise ! J'ai failli rouler dessus. Je
527 m'arrête, je descends. Voilà que ça cause. « Ouvrez-moi ! que ça di-
542 sait. Ouvrez-moi ! » Et ça tapait là-dedans, ça tapait si fort que je me
553 dis : « Pas de doute, y'a quelqu'un. » J'appuie sur les fermoirs. Je
564 soulève le couvercle. Ça alors ! Une gamine ! Et qui pleurait même
577 pas. Et qui me crie : « Vite, vite, sous la pendule ! » Et qui m'entraîne
585 en courant… C'est alors qu'on a rencontré l'agent.

P. Louki, *Annie dans la valise*,

TOP CHRONO

Choisissez et notez la réponse exacte : a, b ou c.

1 Selon les enfants, qu'est-ce qui est arrivé à la valise ?

a. elle a été prise par l'homme qui l'a descendue du train ;
b. elle a été prise par des voleurs qui ont l'habitude de ce genre de méfait ;
c. elle a été déplacée par mégarde.

2 Pourquoi Jérôme tombe-t-il ?

a. parce qu'il se cogne contre une valise ;
b. parce qu'il glisse sur une peau de banane ;
c. parce qu'il est trop chargé et se tord le pied.

3 Pourquoi les garçons mettent-ils du temps à gagner la sortie ?

a. parce qu'ils ne connaissent pas le chemin ;
b. parce qu'il faut prendre un souterrain et passer entre les voyageurs ;
c. parce que Jérôme a du mal à marcher.

4 Où est le cousin ?

a. dans sa voiture ;
b. à la sortie ;
c. il n'est pas là.

5 Le chef de gare connaît-il le cousin des enfants ?

a. non, il ne l'a jamais rencontré ;
b. oui, c'est un ami ;
c. oui, il le voit passer de temps en temps.

6 Pourquoi le chef de gare est-il étonné ?

a. parce qu'il manque un enfant ;
b. parce que les enfants se sont trompés d'arrêt ;
c. parce qu'il entend des cris.

7 Que fait le chef de gare quand les enfants lui ont raconté ce qui s'est passé ?

a. il fait fouiller la gare ;
b. il appelle la police ;
c. il appelle la famille des enfants.

8 Qui retrouve la valise ?

a. un voyageur ;
b. Jérôme et Nicolas ;
c. un chauffeur de taxi.

9 Qu'est-ce qui a alerté celui qui a retrouvé la valise ?

a. il a entendu quelqu'un crier et taper dans la valise ;
b. il a entendu quelqu'un sangloter dans la valise ;
c. il a vu la valise ouverte et vide au milieu de la rue.

10 Quel autre titre pourrait convenir pour ce récit ?

a. « Le train fantôme » ;
b. « Tout est bien qui finit bien » ;
c. « Le temps des vacances ».

► *Ce test permet de mesurer la* vitesse de lecture, *la* compréhension *et l'*efficacité. *Pour calculer les scores, se reporter page 152.*

Test 2

Parcourez le texte afin de repérer les informations suivantes :

1 **les différentes sortes de terrains ;**

2 **les différentes sortes de lignes ;**

3 **les différents coups possibles ;**

4 **les différents juges ;**

5 **la matière avec laquelle la raquette est faite de nos jours.**

LE MATCH DE TENNIS

La surface du terrain peut être en terre battue, en gazon, en bois ou en matière synthétique. Des lignes tracées au sol délimitent les différentes zones du terrain.

Il existe plusieurs types de lignes.

Une ligne de front et deux lignes de couloirs marquent respectivement l'extrémité et les côtés du court.

Une ligne de service, à 6,40 mètres de part et d'autre du filet, limite la zone que la balle ne doit pas dépasser lors du service ; une ligne médiane, perpendiculaire au filet, sépare deux carrés dits de service, dans lesquels la balle d'engagement doit rebondir alternativement. Le joueur sert en alternance à droite, puis à gauche.

Dans le coup droit, le joueur frappe la balle du côté de la main qui tient la raquette. Le droitier frappe sur sa droite, le gaucher sur sa gauche.

Dans le revers, le joueur frappe la balle du côté opposé à la main qui tient la raquette.

Dans le service, le serveur, placé derrière la ligne de fond, doit envoyer la balle dans le carré dit « de service », situé de l'autre côté du filet, en la lançant au-dessus de sa tête. Il a droit à deux essais. Le service, premier coup d'échange, est un geste décisif.

Dans la volée au filet, le joueur frappe la balle avant qu'elle n'ait rebondi. C'est un coup offensif.

Dans le smash, le joueur frappe la balle au-dessus de sa tête. Ce coup répond au lob.

Dans le lob, la balle est frappée de manière qu'elle soit haute et longue (en anglais, *to lob* signifie passer par-dessus). C'est un coup défensif.

Dans l'amorti, le joueur envoie une balle peu puissante et très courte de manière qu'elle tombe de l'autre côté du filet sans que l'adversaire puisse rien tenter.

Le juge de chaise est le maître suprême durant le match. Son rôle est de faire respecter les 40 règles du tennis. Le juge de touche vérifie que la balle ne sort pas des lignes de fond du terrain et le juge de filet qu'elle n'effleure pas le filet lors du service.

Après avoir été en bois ou en métal, la raquette est maintenant en composite : un mélange de verre, de carbone et parfois de bois. Aucun règlement ne définit sa taille. Le cordage, qui était en boyau de bœuf ou de mouton, est aujourd'hui en matière synthétique.

Méga Sport, L'Encyclopédie vivante Nathan, © éd. Nathan.

Ce test permet de mesurer la capacité à sélectionner des informations. Pour calculer les scores, il suffit de compter un point par réponse exacte.

Comment calculer les scores de vitesse de lecture, de compréhension et d'efficacité

• *Score de vitesse*

– Noter l'heure au début et à la fin de la lecture du texte.

– Calculer le temps mis pour la lecture.

– Le nombre total de mots du texte est mentionné à la dernière ligne.

On peut donc calculer le nombre de mots lus en une minute. Ce nombre représente le score de vitesse.

Exemple : un élève commence la lecture du texte p. 6 à 9 h 15, il la termine à 9 h 17 mn 40 s. Il a lu 436 mots en 2 minutes 40 secondes. Sa vitesse de lecture est :

$$\frac{436 \times 60}{160} = 163{,}5 \text{ mots à la minute ou, en arrondissant, } 163.$$

Un autre procédé, plus pratique à mettre en œuvre avec une classe entière, est indiqué dans le livre du professeur. C'est pourquoi le nombre de mots est mentionné non seulement à la dernière ligne mais à la fin des lignes précédentes.

• *Score de compréhension*

Compter deux points par réponse exacte. La note obtenue (sur 20) représente la score de compréhension.

• *Score d'efficacité*

Le score d'efficacité est particulièrement important car il établit une relation entre la vitesse et la compréhension : un bon lecteur lit vite et comprend bien. Pour le calculer, on multiplie le score de vitesse par le nombre de réponses exactes et on divise par dix :

$$\frac{\text{score de vitesse} \times \text{nombre de réponses exactes}}{10}$$

Exemple : un élève lit 163 mots à la minute, il a 6 réponses exactes, son score d'efficacité est le suivant :

$$\frac{163 \times 6}{10} = 97{,}8 \text{ ou, en arrondissant, } 98.$$

EXEMPLE DE TABLEAU RÉCAPITULATIF DES SCORES

• **Bilan de départ**

Test 1

Score de vitesse : .../minute

Score de compréhension : .../20

Score d'efficacité : ...

Test 2

Score : .../20.

• **Chapitre 1 : lire avec précision et agilité**

1. Retrouver les mots

exercice 1 : .../20 – exercice 2 : .../20 – etc.

Moyenne du chapitre : .../20

Corrigés

BILAN DE DÉPART

Test 1 (p. 6)

1. c – 2. b – 3. a – 4. c – 5. b – 6. a – 7. c – 8. b – 9. c – 10. c

Test 2 (p. 9)

1. La croisière jaune, Alger-Le Cap, le Paris-Dakar.
2. Dans ces régions, il y avait de vastes espaces et des routes d'un autre âge.
3. L'assistance technique (« service » donné en exemple, ne compte pas pour l'évaluation) – la presse – la nourriture.
4. L'assistance technique : avion cargo + deux camions. – La presse : un avion (avec liaison satellites) + un hélicoptère pour la presse écrite + deux hélicoptères pour la télévision + trente véhicules tout terrain + un avion gros-porteur + un avion pour la production d'images. – La nourriture : deux avions gros-porteurs.
5. Des autochenilles + des voitures + des motos + des camions.

CHAPITRE 1

1 Retrouver les mots (p. 12)

• ***exercice 1***
table : B7 – pont : A13 ; C11 ; D5 – porte : B13 ; C5 – poire : C8 ; maison : A15 – cage : B11 ; C13 – matin : D3 ; D10 – sac : C14 ; D8 – ciel : D15 – lampe : D13 – soir : A9 ; C7.

• ***exercice 2***
chapeau : A8 ; D4 – rideau : B14 ; C2 ; D7 – jour : B7 ; D2 – main : A14 ; D12 – roue : A5 ; B2 ; D14 – cou : C10 ; D9 – fleur : B8 ; D1 – joie : B13 ; C14 – vague : B4 ; C8 – retard : C5 ; C12.

• ***exercice 3***
merle : D2 – poche : A2 ; D10 – rien : B16 ; C4 – port : A16 ; D3 ; D14 – verbe : B2 ; C15 – carte : D5 – lion : B9 – papier : B5 ; C2 – serrer : A15 – plage : A4 ; B7.

2 Trouver les mots de sens voisin (p. 15)

• ***exercice 1***
1. M – 2. K – 3. G – 4. A – 5. J – 6. N – 7. E – 8. D – 9. L – 10. B.

• ***exercice 2***
1. H – 2. N – 3. M – 4. D – 5. A – 6. G – 7. L – 8. J – 9. E – 10. B.

• ***exercice 3***
1. I – 2. L – 3. J – 4. A – 5. N – 6. M – 7. H – 8. K – 9. G – 10. E.

• ***exercice 4***
1. I – 2. N – 3. M – 4. A – 5. K – 6. J – 7. E – 8. G – 9. H – 10. L.

3 Trouver les mots de sens contraire (p. 17)

• ***exercice 1***
1. L – 2. K – 3. M – 4. J – 5. E – 6. N – 7. G – 8. C – 9. B – 10. A.

• ***exercice 2***
1. N – 2. L – 3. K – 4. D – 5. G – 6. M – 7. I – 8. C – 9. J – 10. E.

• ***exercice 3***
1. J – 2. F – 3. M – 4. L – 5. D – 6. N – 7. K – 8. A – 9. H – 10. I.

• ***exercice 4***
1. J – 2. H – 3. M – 4. N – 5. D – 6. L – 7. I – 8. K – 9. G – 10. C.

4 Rassembler les mots autour d'une idée (p. 18)

• ***exercice 1***
4 – 12 – 14 – 17 – 19 – 21 – 23 – 26 – 28 – 32.

• ***exercice 2***
10 – 16 – 19 – 23 – 25 – 28 – 31 – 32 – 34 – 35.

• ***exercice 3***
6 – 12 – 20 – 22 – 25 – 27 – 28 – 30 – 32 – 35.

• ***exercice 4***
7 – 8 – 11 – 16 – 20 – 26 – 28 – 30 – 31 – 34.

5 Chasser les erreurs (p. 20)

• ***exercice 1***
1. coururent – pensait – fête – noir – pénétrer – moucher – tranches – rapidement – crayons – branches – instant – bout – peine – interrogea – râteau – boisson – moto – couler – six – bal.
2. *Mots pouvant être gardés :* coururent – pensait – pénétrer – rapidement – branches – instant – interrogea – moto – six.
Mots devant être rejetés : fête – noir – moucher – tranches – crayons – bout – peine – râteau – boisson – couler – bal.

• ***exercice 2***
1. fit – glace – foire – vue – saut – tort – sottises – fois – comportes – pareil – riposta – me – cour – étonnée – bien – coup – sais – bas – affirmé – achevé.
2. *Mots pouvant être gardés :* saut – sottises – comportes – pareil – riposta – étonnée – affirmé.
Mots devant être rejetés : fit – glace – foire – vue – tort – fois – me – cour – bien – coup – sais – bas – achevé.

• ***exercice 3***
1. salade – tour – difficulté – bu – remède – quand – enlèvera – bois – douche – mettre – poire – défendre – boues – couleurs – soupir – Tente – discours – telle – sac – vendus.
2. *Mots pouvant être gardés :* difficulté – remède – quand – enlèvera – mettre – discours.
Mots devant être rejetés : salade – tour – bu – bois – douche – poire – défendre – boues – couleurs – soupir – Tente – telle – sac – vendus.

6 Remplacer un mot par un autre (p. 26)

• *exercice 1*
Rassemblés et groupés – vendeur et commerçant – demanda et interrogea – commence et débute – professeurs et enseignants – répliqua et rétorqua – sembla et parut – camarade et copain – étincelèrent et brillèrent – précipitamment et brusquement.

• *exercice 2*
Viens et arrives – vêtements et habits – maladroits et malhabiles – semble et paraît – songe et pense – inclinant et hochant – saisis et prends – façon et manière – faire et tracer – uniquement et seulement – étonnée et surprise – déglutir et avaler – contente et heureuse – audible et perceptible – dit et écrit – m'arrêter et cesser – drôle et bizarre – faire et écrire – sûrement et certainement – mais et cependant.

CHAPITRE 2

1 Saisir les mots en un seul coup d'œil (p. 30)

• *exercice 1*
a. du lait – du café – du thé.
b. la joue – la jambe – l'œil – l'épaule.
c. le mardi – le jeudi – le mercredi.

• *exercice 2*
a. en train – en voiture.
b. le docteur – un peintre – le boucher – un pompier – le facteur.
c. le calcul – la physique – la biologie.

• *exercice 3*
a. un perroquet – un (bec d')aigle – une mouette – un merle (blanc) – une hirondelle – un canari – pigeon (vole).
b. de la craie – un stylo – un feutre (vert).

• *exercice 4*
a. à la plage – de hautes vagues – un bateau à voile – du sable fin – à marée basse.
b. la température – un climat humide – de la grêle – un temps sec – un été torride.

2 Chasser les mots intrus (p. 34)

• *exercice 1*
1. Hiver – gros ; soir ; jeune – menteur ; agressif – gentil ; pluvieux.
2. *Les autres mots désignent :* des mois – des couleurs – des qualités – des défauts.

• *exercice 2*
1. fâché ; ennuyeux – marche ; docteur – le dos ; les bras ; la cheville – la grammaire.
2. *Les autres mots :* désignent un adjectif exprimant la gaieté. – se rapportent au commerce. – désignent une partie du visage. – se rapportent à la musique.

• *exercice 3*
1. l'escabeau ; la portière – le guidon ; un aéroport – nous rêvons ; elle travaille – l'armoire ; la moquette.
2. *Les autres mots :* désignent des éléments d'une maison. – se rapportent au chemin de fer. – désignent des bruits. – désignent des objets se rapportant au couchage (composant un lit).

• *exercice 4*
1. il respire ; il emballe – une cheminée ; un marronnier – la mairie ; le village ; le papillon – un marteau.
2. *Les autres mots :* désignent des actions qui ont pour but de rendre propre. – désignent des métiers. – désignent des habitations. – désignent des instruments de musique.

3 Trouver les mots étiquettes (p. 36)

• *exercice 1*
le sport – un parent – un fruit – un meuble.

• *exercice 2*
un vêtement – un bateau – un véhicule – une fleur.

4 Trouver le mot exact (p. 37)

• *exercice 1*
1. gladiateur – 2. jeune – 3. lettre – 4. libraire – 5. malade – 6. manger – 7. mannequin – 8. dompteur – 9. duvet – 10. éclair.

• *exercice 2*
1. écran – 2. renard – 3. épeler – 4. escalier – 5. étage – 6. ficelle – 7. frontière – 8. garage – 9. géant – 10. proche.

• *exercice 3*
1. foule – 2. profil – 3. publicité – 4. pyjama – 5. rage – 6. rame – 7. réciter – 8. récréation – 9. refuser – 10. revenir.

• *exercice 4*
1. record – 2. repas – 3. riche – 4. ruche – 5. saison – 6. résoudre – 7. rempart – 8. résultat – 9. rétroviseur – 10. scène.

CHAPITRE 3

1 Mémoriser les informations (p. 42)

Pour effectuer la correction de ces exercices, il suffit de se reporter aux textes de départ.

2 Enregistrer les informations (p. 47)

• *exercice 1*
1. Elles sont hautes + elles sont armées de griffes qui ne sont pas rétractiles. – 2. Blanche. – 3. À des miaulements sifflés. – 4. Peu développé. – 5. 90 km à l'heure. – 6. Il les rattrape à la course. – 7. Non, il est épuisé après une course de 300 à 400 mètres. – 8. Le jour. – 9. Elle est perçante.

• *exercice 2*
1. En défrichant la forêt. – 2. Le feu. – 3. Les versants sont déboisés. – 4. Pour agrandir les champs. – 5. Les bois sont exposés aux pluies et au gel en hiver qui finissent par les détruire. – 6. Les gaz d'échappement des automobiles + les fumées des usines. – 7. Les déchets. – 8. Le bruit.

• *exercice 3*
1. Dans le tiers monde. – 2. Les enfants sont une aide à la survie + la religion empêche parfois de limiter le nombre d'enfants. – 3. L'Asie. – 4. Pas assez de moyens financiers + pas assez de personnel médical. – 5. Rougeole + coqueluche. – 6. Faute d'instruction, les parents ne connaissent pas les gestes simples qui pourraient les sauver. – 7. Le paludisme.

CHAPITRE 4

1 Compléter les mots (p. 52)

• ***exercice 1***
Ligne 3 : tasse – l. 6 : comprenait – l. 8 : bien – l. 10 : veux – l. 13 : commençait – l. 14 : continuer – l. 18 : finie – l. 19 : idée – l. 23 : mains et couler – l. 25 : réflexe – l. 28 : mot – l. 29 : vite – l. 30 : laissa – l. 33 : pensée – l. 37 : saisit – l. 38 : doigts – l. 39 : raison – l. 41 : vie – l. 42 : souvenir.

• ***exercice 2***
Ligne 3 : trouva – l. 7 : classe et tableau – l. 8 : savais – l. 10 : filles – l. 14 : rappelai – l. 16 : lettre – l. 19 : ton – l. 21 : main – l. 23 : sais – l. 24 : incapable – l. 25 : souriait – l. 28 : murmurai – l. 32 : vitesse – l. 33 : doucement – l. 35 : écrire – l. 38 : main – l. 39 : nouveau – l. 40 : idées – l. 44 : rire.

2 Prévoir les mots (p. 55)

Pour tous les exercices de la partie « Prévoir les mots », le mot du texte initial est placé en premier. Ce mot est suivi, dans certains cas, d'autres mots qui peuvent aussi convenir.

• ***exercice 1***
1. élève – 2. tour – 3. note – 4. réponse – 5. professeur – 6. rendu – 7. enfants (élèves) – 8. fils – 9. lettre (courrier) – 10. collège.

• ***exercice 2***
1. garçons (enfants) – 2. habitez – 3. secours – 4. capable – 5. froids – 6. coup – 7. nez – 8. lui – 9. valise – 10. éternue.

• ***exercice 3***
1. cœur – 2. filles (personnes) – 3. attendons (voulons, désirons) – 4. cognait (battait) – 5. début (commencement) – 6. collé (attaché) – 7. élèves – 8. personne – 9. contre – 10. deuxième – 11. couloir – 12. réussir (parvenir) – 13. deviner (imaginer, penser) – 14. ressemblons – 15. jamais (pas) – 16. droit – 17. nouveaux – 18. chance – 19. collège – 20. club.

• ***exercice 4***
1. partir – 2. dictée – 3. note – 4. vingt – 5. calcul – 6. moment – 7. mis – 8. venir – 9. sujet – 10. suivante – 11. serpents – 12. livre – 13. page – 14. passages (extraits) – 15. changer (modifier) – 16. résultats – 17. effort – 18. bonté – 19. moral – 20. commencé.

• ***exercice 5***
1. fenêtre – 2. habite (vit) – 3. terreur (peur, panique, frayeur) – 4. vivent (habitent) – 5. monde – 6. dormir (m'endormir) – 7. coup – 8. voir (savoir) – 9. palier – 10. frappe – 11. pièce (chambre, salle) – 12. face – 13. vêtements (habits) – 14. porte (transporte, emmène) – 15. ambulance (voiture) – 16. amie – 17. nuit – 18. porte – 19. graves – 20. deux.

3 Imaginer la suite (p. 61)

• ***exercice 1***
1. 1. comprendre – 2. longtemps – 3. vendu – 4. donné – 5. toit – 6. cher – 7. viande – 8. reboucher (réparer) – 9. continues – 10. récit (histoire) – 11. maison – 12. droit – 13. logement (maison) – 14. terminé (fini, achevé) – 15. vois – 16. yeux.
2. Alexis pense qu'il pourrait venir habiter chez Niania avec ses parents.

• ***exercice 2***
1. 1. poitrine – 2. matin – 3. cacher – 4. yeux – 5. gendarmes – 6. trouveront (découvriront) – 7. lettre – 8. prévient (avertit, appelle) – 9. dira – 10. ferait – 11. décision – 12. restes (vives).
2. Voici la réponse de Marcel :
« Premièrement, je vais emporter des provisions. À la maison, il y a du chocolat, et une boîte entière de galettes. Et puis, je crois bien que tu as entendu parler d'un ermite, qui est resté plus de vingt ans dans la baume de Passe-Temps. Eh bien, je ferai comme lui : je chercherai des asperges, des escargots, des champignons, et je planterai des pois chiches ! »
Les deux idées sont : 1. emporter des provisions ; 2. trouver à manger dans la nature ou planter des légumes.

• ***exercice 3***
1. « T'as vu mes lunettes ? a demandé Clotaire à Agnan. Maintenant, je vais être le premier en tout, et ce sera moi que la maîtresse enverra chercher les cartes et qui effacerai le tableau ! La la lère ! »
Idée : Clotaire dit à Agnan que, maintenant qu'il a des lunettes, c'est lui qui va être le premier.
2. Et là, bien sûr, sans les lunettes, ça n'a pas marché : Clotaire a eu zéro.
Idée : les lunettes n'ont pas fait effet et Clotaire a eu une mauvaise note.

• ***exercice 4***
1. « Est-ce que je peux sortir, s'il vous plaît ? »
Idée : Jessica demande à sortir.
2. Jessica prit le cahier, le cacha derrière son dos et regagna sa place.
Idée : Jessica prend le cahier.
3. « Mon dieu ! Où est mon... mon... Les enfants, vous n'avez pas vu mon cahier ? » demanda Mme Arnette.
Idée : Mme Arnette demande si quelqu'un a vu son cahier.
4. Jessica quitta sa place sur la pointe des pieds et se glissa derrière le bureau.
Idée : Jessica quitta sa place sans bruit et se dirigea vers le bureau.

• ***exercice 5***
1. « Et pourquoi non ? Le temps presse ! »
Idée : Rémi demande pourquoi il n'est pas possible d'y aller le soir même.
2. « De toute façon, dit P.P., il est hors de question que tu viennes. Il peut y avoir du danger, et une fille... »
Idée : P.P. dit qu'il est impossible que Mathilde vienne parce que c'est une fille.
3. « Le principal ne badine pas avec la discipline, renchérit P.P. Tu serais renvoyée aussitôt. »
Idée : P.P. dit que Mathilde risquerait d'être renvoyée.
4. « En tout cas, ne comptez plus sur moi pour rien ! Finie la bonne copine toujours prête à se dévouer ! »
Idée : Mathilde dit qu'il ne faut plus compter sur elle ou qu'elle en a assez d'entendre des bêtises et qu'elle préfère partir.

4 Détecter les anomalies (p. 67)

• ***exercice 1***
1. Un village ne peut guère compter un demi-million d'habitants...
2. À 18 heures, la pendule sonne 6 coups et non 4.
3. Un homme de 1,75 m peut difficilement avoir l'air d'avoir 3 ans.
4. La date est impossible : 9154.
5. Il est difficile d'avoir 6 enfants âgés de 11 à 12 ans...

6. Une classe surchargée ne compte certainement pas 3 élèves.
7. Si les trois occupants du véhicule ont été tués, il n'est pas possible que le troisième soit mort à son arrivée à l'hôpital.
8. Des prévisions ne peuvent concerner que le futur et non le passé (« La nuit dernière »).
9. Le nez et les narines sont la même partie du corps.
10. Pourquoi recoudre une paupière alors que c'est la mâchoire qui semble être fracturée ?

• ***exercice 2***
Mots intrus : allongé – manger – chante – fromage – bâteau – garagiste – cage – avion – enveloppes – table.
Mots possibles : assis – parler – demande – papier – bureau – directeur – retenue, punition – idée – lettres – tête.

CHAPITRE 5

1 Exercer sa vitesse et sa compréhension (p. 70)

• ***exercice 1***
1. b – 2. c – 3. a – 4. c – 5. b – 6. a – 7. b – 8. a – 9. c – 10. a.

• ***exercice 2***
1. c – 2. a – 3. b – 4. c – 5. b – 6. a – 7. b – 8. c – 9. b – 10. a.

• ***exercice 3***
1. c – 2. b – 3. c – 4. b – 5. c – 6. b – 7. a – 8. c – 9. c – 10. b.

• ***exercice 4***
1. b – 2. c – 3. a – 4. b – 5. c – 6. b – 7. a – 8. c – 9. c – 10. a.

• ***exercice 5***
1. c – 2. b – 3. a – 4. c – 5. a – 6. b – 7. b – 8. c – 9. b – 10. a.

CHAPITRE 6

1 Découvrir et prévoir (p. 84)

• ***exercice 1***
1. André Fax.
2. *Aujourd'hui, des hommes à l'âge de pierre.*
3. Les Éditions Nathan.
4. Grégoire Soberski.
5. Monde en poche.
6. Daniel Sassier.
7. La vie d'hommes qui, de nos jours, vivent comme au temps de la Préhistoire.
8. Le nom de l'illustrateur et celui du directeur de la collection.
9. L'illustration.

• ***exercice 2***
1. Trois types de caractères.
2. Sujet, auteur, collection.
3. Il est historien, spécialisé dans la Préhistoire.
4. Faux : dossier en couleurs.
5. Les jeunes à partir de neuf ans.
6. Les Boschimans.
7. Pas de corrigé car les possibilités sont nombreuses.

2 Découvrir et imaginer (p. 86)

• ***exercice 1***
1. *Opération Marcellin.*
2. Faux, 8-12 ans.
3. Céline et Rodolphe.
4. Les autres élèves de la classe.
5. De onze à treize ans environ.
6. Une affiche avec un paysage et un numéro de téléphone.
7. Non (sur l'illustration, on voit qu'il s'agit d'un autre pays en raison de la végétation et, de plus, l'extrait mentionne le tiers monde).
8. Rodolphe voudrait que les élèves de sa classe parrainent un enfant du tiers monde.
9. Il se heurte à un problème d'argent.
10. Sans doute parce que la classe va faire en sorte de pouvoir parrainer Marcellin malgré les difficultés.
11. Pas de corrigé car les possibilités sont multiples. Il s'agit vraisemblablement de raconter les aventures que vont vivre les élèves pour parvenir à réunir l'argent pour parrainer Marcellin. Mais il existe un bon moyen de le savoir, lisez le livre : vous découvrirez la véritable histoire.

3 Ouvrir un livre à la bonne page (p. 87)

• ***exercice 1***
1. Parce que ces mots sont les titres des grandes parties qui composent le livre.
2. Six.
3. a. 117 – b. 364 – c. 21 – d. 240-241 – e. 504 (ou 532) – f. 509 – g. 366-367 – h. 233.
4. a. Histoire de l'humanité – b. Les sciences et les techniques – c. La faune et la flore – d. Les arts et la vie sociale – e. Le corps humain et la santé – f. Les sciences et les techniques – g. Les cinq continents – h. Les arts et la vie sociale et, peut-être aussi, Les sciences et les techniques.
5. Le sommaire indique les grands thèmes dans un livre et la page à laquelle est traité chaque thème.

• ***exercice 2***
1. L'index signale les sujets traités dans un livre et la page à laquelle le lecteur peut se reporter pour avoir des renseignements sur ces sujets.
2. Le sommaire est classé en suivant l'ordre des grandes parties : c'est le plan du livre ; l'index est classé par ordre alphabétique des sujets traités.
3. a. 570, 583 – b. 157 – c. 362 – d. 439 – e. 55 – f. 365 – g. 505, 514 – h. 373-374, 375.
4. Pour indiquer que le sujet est traité par une page ou une double page.
5. a. Il faut chercher à quel grand thème se rattachent les alligators : les animaux, et se reporter à la partie « La faune et la flore ». – b. Il faut rechercher le mot « alligators » dans la liste des mots classés par ordre alphabétique. – c. Il est plus rapide de consulter l'index que le sommaire puisque le classement est alphabétique, donc connu d'avance.

• ***exercice 3***
1. Mode d'emploi du cahier. – 2. Le nom. – 3. Les déterminants. – 4. L'adjectif qualificatif. – 5. Le pronom personnel. – 6. La proposition relative. – 7. Le verbe, les groupes. – 8. Les voix active, passive, pronominale et impersonnelle. – 9. Les temps simples et les temps composés. – 10. Les modes indicatif et subjonctif. – 11. Le passé simple et l'imparfait. – 12. Le sujet. – 13. L'attribut du sujet. – 14. Le complément d'objet direct. – 15. Le complément d'objet indirect. Le complément d'objet second. – 16. Le complément d'agent. – 17. Le complément circonstanciel de lieu. – 18. Le complément circonstanciel de temps. – 19. Les compléments de moyen et de manière. – 20. Index.

4 Réaliser un index (p. 89)

• *exercice 1*

• *exercices 2 et 3*

Pas de corrigé. À vous de choisir les auteurs et les titres.

5 Réaliser un sommaire (p. 91)

• *exercice 1*

6 Choisir des livres (p. 92)

• *exercice 1*

a. *Les Animaux familiers – Au temps des châteaux forts – Les Animaux en voie de disparition.*
b. *Au temps des dinosaures – Les Animaux préhistoriques.*
c. *Les Premiers Hommes – La Préhistoire et ses secrets – Les Hommes préhistoriques – Le Monde des animaux – Comment vivaient nos ancêtres.*

• *exercice 2*

a. *La Gaule et la conquête romaine – Au temps des croisades – Les Temples romains – La Formation de l'Empire romain – Histoire de l'éducation.*
b. *Autour de la Méditerranée, les Romains – Marcus, enfant de Rome – La Société romaine – Comment vivaient les Romains.*
c. *Les Anciennes Civilisations.*

• *exercice 3*

1. G – 2. E – 3. F – 4. B – 5. H – 6. D – 7. A – 8. J – 9. C – 10. I.

7 Explorer une page documentaire (p. 94)

• *exercice 1*

1. A. 5 – B. 3 – C. 8 – D. 1 – E. 7 – F. 4 – G. 2 – H. 9 – I. 6.
2. Deux sous-titres.
3. Trois illustrations.
4. Grâce à la grosseur des caractères d'imprimerie et grâce à la place dans la plage.
5. a. L'introduction (ou chapeau) et la carte. – b. L'introduction. – c. La légende du second dessin en bas à gauche et la légende de la carte (les petits textes qui accompagnent les illustrations). – d. La légende du premier dessin en haut à droite. – e. La carte (avec la signification des symboles utilisés). – f. La partie qui suit le sous-titre : « Malnutrition et misère ».

CHAPITRE 7

1 Associer questions et réponses (p. 98)

• *exercice 1*

1. E – 2. C – 3. I – 4. H – 5. J – 6. A – 7. G – 8. D – 9. B – 10. F.

• *exercice 2*

1. G – 2. A – 3. H – 4. J – 5. B – 6. F – 7. E – 8. I – 9. D – 10. C.

2 Associer réponses et questions (p. 99)

• *exercice 1*

1. E – 2. G – 3. B – 4. H – 5. J – 6. A – 7. D – 8. F – 9. I – 10. C.

• *exercice 2*

1. C – 2. F – 3. B – 4. H – 5. J – 6. E – 7. A – 8. I – 9. G – 10. D.

3 Répondre avec exactitude (p. 101)

• *exercice 1*

1. Où – dans des grottes.
2. Comment – la population mondiale s'accroît.
3. Combien – plus d'une heure.
4. Combien – 26,70 m.
5. Quand – en 1955.
6. Pourquoi – parce que l'air y est froid.
7. Qui – une équipe américaine de basket-ball.
8. Où – dans l'ouest de l'Allemagne.
9. Qui – Neil Aldent Armstrong.
10. Comment – en observant son tronc.

4 Retrouver les questions (p. 103)

• *exercice 1*

A. À quelle heure vous couchez-vous ? Comment faites-vous pour être si dynamique ?
B. Que ferez-vous plus tard ?
C. Regardez-vous les enregistrements de vos émissions ? ou Revenez-vous sur vos émissions ?

D. Mangez-vous beaucoup ?
E. Vos journées sont-elles toujours très occupées ? ou Avez-vous un emploi du temps chargé ?

• ***exercice 2***
1. D'où vient la fourchette ?
2. Existe-t-il des sons que nous n'entendons pas ?
3. Comment se dirige la chauve-souris ?
4. Quel est le poids d'un litre d'eau ?
5. D'où vient le nom de cyclo-cross ?
6. Quand ont eu lieu les premières courses de chevaux ?
7. Quelle est la différence entre l'alligator et le crocodile ?
8. Comment le chat voit-il la nuit ? ou Quelle est la particularité de l'œil du chat ?
9. Pourquoi les rongeurs doivent-ils limer leurs dents ?
10. Où vivent les Pygmées ?

5 Repérer des informations (p. 104)

• ***exercice 1***
Une paire de ciseaux – un bol – de l'eau – une pince – une loupe – un odontomètre – un catalogue des timbres – un classeur.

• ***exercice 2***
1. Cerises noires – beurre – sucre – farine – œufs – yaourt – sel – lait.
2. Moule à feu – saladier (et éventuellement une fourchette pour mélanger) – batteur.

• ***exercice 3***
Bouchons en liège – ruban – tubes de couleur – canif – colle – peinture – pinceau – vernis.

• ***exercice 4***
1. 33 50 22 37 – **2.** Trois. – **3.** Serge. – **4.** rue de la Briqueterie. – **5.** Alain BOTTARD. – **6.** Marie ARLET. – **7.** Laurent DARMA. – **8.** Huit. – **9.** Entre BOUCLIER et BRESSON. – **10.** 33 19 42 25.

6 Détecter des informations (p. 107)

• ***exercice 1***
Pavés de savon – boîtes de conserve – charcuteries – couvertures – draps – taies d'oreillers – serviettes – verres de lampe – danseuses en plâtre – salière – réveille-matin – boîtes d'allumettes – poivre – noix muscade – clous de girofle – fil – aiguilles – boutons – lacets – encriers. « Sachets de papier » peut être compté comme réponse exacte.

• ***exercice 2***
a. 18 février, 20 heures 15. – **b.** Paris. – **c.** Pierre-Paul de Culbert – Mathilde Blondin – M. Coruscant – Rémi Pharaon. – **d.** Venise.

• ***exercice 3***
1. Anne-Sophie – Élodie – Odile – Bernard – Damien.
2. Jambon – fromage – fruits – soupe.
3. À condition qu'elles se débrouillent toutes seules.

7 Prélever des informations (p. 110)

• ***exercice 1***
a. Lits – tables – fauteuils – tabourets – coffres.
b. Bois – cuir – roseaux – ébène – cèdre.

• ***exercice 2***
a. Samnites – rétiaires – Gaulois – Thraces.
b. *Samnites :* casque – bouclier – jambière gauche – épée.
Rétiaires : filet – trident – brassard.
Gaulois : casque – épée – bouclier.
Thraces : bouclier – casques – deux jambières – brassard – sabre.
c. « Salut, César, ceux qui vont mourir te saluent ! »

• ***exercice 3***
Soins – lavé – médecins – pédiatre – vacciné – maladie – maternité – hygiène – sage-femme – piqûres. (Les mots : examiné, taille, poids, respiration, réflexes, peuvent également convenir mais le total est de 20 points !)

• ***exercice 4***
lire – écrire – apprendre – instituteurs – institutrices – livres – cahiers – tableau – scolarité – crayons.

• ***exercice 5***
« Alerte verte » : les pompiers aspergent les pneumatiques de mousse carbonique + ils se tiennent prêts à évacuer les passagers.
« Alerte rouge » : les pompiers se précipitent pour maîtriser le sinistre + assurer les premiers secours + évacuer les blessés.
« Alerte à la bombe ».
Remplissage des réservoirs : les pompiers veillent pour prévenir tout risque d'incendie en éloignant les engins.

8 Trouver la réponse à des questions (p. 113)

• ***exercice 1***
1. Apprendre l'histoire et la géographie + enrichir (une collection de timbres, « ça pouvait valoir des tas et des tas d'argent »).
2. Faire collection de timbres.
3. Le papa de Rufus.
4. À l'école + chez Nicolas.
5. Rufus + la maman de Nicolas + le papa de Nicolas + Nicolas.

• ***exercice 2***
1. *Les Yeux de la nuit – V'là le cinéma.*
2. Cinéma – magazine – série.
3. Une.
4. Lundi, 20 h 45, TF 1, *Les Aventures de Rabbi Jacob.*

• ***exercice 3***
1. *La Folie douce – La Côte d'Adam – Au pays des Juliets.*
2. *Le Piège.*
3. *Dans les pompes d'un autre.*
4. Non (version colorisée).
5. *La Côte d'Adam* ou *La Folie douce.*
6. *Isadora – Au pays des Juliets – Love Story.*

• ***exercice 4***
1. Le serment de Strasbourg.
2. 1835.
3. Langues d'oc : sud de la Loire, au Moyen Âge – langues d'oïl : au nord de la Loire, au Moyen Âge.
4. Le « latin vulgaire » ou « roman commun ».
5. Le « francien ».
6. On notait toutes les lettres prononcées.
7. Robert Estienne, au XVIe siècle.

• ***exercice 5***
1. Parce qu'ils n'ont pas de formation professionnelle.
2. Le chômage.
3. L'instruction élémentaire, la formation des agriculteurs, l'éducation à la santé, l'accès à l'eau potable.

4. Le développement agricole et industriel est insuffisant (alors que la population augmente sans cesse).
5. Tenter d'échapper à la misère.
6. Pays plus riches et plus développés.

- ***exercice 6***

1. Le recyclage de l'eau.
2. Solide, liquide, gazeux.
3. 4 à 5 litres.
4. Parce que l'agriculture et l'industrie sont de grands consommateurs.
5. Une station d'épuration.
6. Boisson, toilette, cuisine, lessive, piscine.
7. L'eau polluée peut transmettre des maladies graves.
8. Il faut construire des barrages, stocker l'eau, creuser des canaux.
9. La pollution de l'air, la pollution des sols, le rejet des eaux usées.

CHAPITRE 8

1 Associer textes et illustrations (p. 122)

- ***exercice 1***

A. 4 – B. 1 – C. 3 – D. 2.

- ***exercice 2***

A. 2 – B. 4 – C. 1 – D. 3.

2 Associer légendes et illustrations (p.124)

- ***exercice 1***

1. E – 2. A – 3. D – 4. C – 5. B.

3 Placer des illustrations (p. 125)

- ***exercice 1***

1. Après « branchages » (dernier mot du texte).
2. Après « bola » (quatrième phrase du premier paragraphe).
3. Après « animaux » (première phrase du premier paragraphe). Il est question de pièges dans le dernier paragraphe mais ce sont des pièges pour de gros animaux.
4. Après « propulseur » ou « sagaie » (deuxième phrase du deuxième paragraphe).

4 Placer et titrer des illustrations (p. 127)

- ***exercice 1***

1. Après « complet » : 3 – après « fréquents » : 1 et 4 – après « population » : 2.
2. Photo 1 : Une plage en été. – Photo 2 : Les « resto du cœur ». – Photo 3 : L'équipement des ménages français en 1992. – Photo 4 : L'autoroute lors d'un départ en week-end (ou en vacances).

5 Tirer parti des textes et des illustrations (p. 128)

- ***exercice 1***

1. : I – 2. : T – 3. : I + T – 4. : T – 5. : I – 6. : I + T – 7. I – 8. : T – 9. : I – 10. : T.

- ***exercice 2***

1. Première illustration : C. – Deuxième illustration : A. – Troisième illustration : B.
2. 3. et **4.** Pas de corrigé car les possibilités sont multiples.

6 Faire parler les illustrations (p. 130)

- ***exercice 1***

Voici des exemples de commentaires :
• *Dessin 3* : l'électricité est installée dans tous les appartements, suivent les appareils électriques : réfrigérateur, cafetière, machine à laver... Les cuisinières fonctionnent souvent à la fois au gaz et à l'électricité. Les lampes peuvent diffuser une lumière très forte.
• *Dessin 4* : c'est la perfection : on programme la cafetière, le magnétoscope ; le congélateur, qui conserve les aliments pendant des mois, devient indispensable ; le four électrique se nettoie tout seul et celui à microondes cuit les aliments en quelques minutes.

7 Choisir les informations en fonction d'un but (p. 131)

- ***exercice 1***

1. • Description physique : allure de l'ours et son air sympathique mais beaucoup plus petit. Tête allongée blanche bordée de deux bandeaux noirs recouvrant yeux et oreille – Poil raide et gris – Se déplace un peu lourdement sur courtes pattes qui laissent larges empreintes.
• Mode de vie : la nuit, cherche sa nourriture et rend visite à ses voisins. Habite en famille. Se réfugie dans terrier à la moindre alerte.
• Habitat : vit dans les plaines – Habite dans de grands terriers très ramifiés avec de nombreuses issues et cheminées. S'y réfugie à la moindre alerte. Entrée terrier se signale par une sorte de « toboggan » que le blaireau creuse en enlevant déblais de terre qui encombrent son habitat. Dans cette entrée, on trouve foin, mousse tombée quand blaireau a transporté fourrage pour aménager chambre où il vit.
• Nourriture : mange vers, insectes, petits rongeurs, charogne, beaucoup d'herbe, de fruits, de racines et de nids de guêpes.
2. Par exemple : la manière dont se déplace le blaireau, sa reproduction, ses ennemis.

8 Classer les informations (p. 132)

- ***exercice 1***

Illustration 1 = Honneur aux anciens + E.
Illustration 2 = Un maquillage pour les fêtes + A.
Illustration 3 = Une maison dans les arbres + D.
Illustration 4 = La boue sert à tout + C.
Illustration 5 = Tout le monde à l'école + B.

- ***exercice 2***

1. 1. D – 2. E – 3. C – 4. B – 5. A.
2. Les grandes villes ont des problèmes.

- ***exercice 3***

1. 1. C – 2. E – 3. B – 4. A – 5. D.
2. « ... actions à mettre en œuvre » : mener des études scientifiques, prévoir et surveiller, prévenir au quotidien, innover en matière d'agriculture, penser à la faune sauvage.

9 Relever l'essentiel (p. 135)

- ***exercice 1***

Gibiers rentables, faciles à atteindre, reproduction très lente.

• ***exercice 2***

1. Construire habitations – quitté Afrique.
2. Protéger du froid – cuire aliments.
3. Peindre – sculpter (ou sculpture).
4. Cultive graines, plantes – domestique animaux – construit villages – invente poterie.

• ***exercices 3 et 4***

Pas de corrigés car il existe plusieurs possibilités.

10 Établir la carte d'identité d'un animal (p. 139)

• ***exercice 1***

Pas de corrigés car les informations choisies peuvent varier.

11 Réaliser une fiche de film (p. 140)

Exemple de corrigé pour le film *Kenny* :
– Titre : *Kenny*
– Réalisateur : Claude Gagnon
– Acteurs principaux : aucun n'est mentionné
– Genre : drame
– Époque : à notre époque
– Lieu : Pittsburgh
– Sujet : histoire d'un enfant handicapé
– Particularités : film émouvant

12 Préparer une feuille de route (p. 141)

• ***exercice 1***

Nom	Activité 1	Activité 2	Activité 3	Activité 4
Gordon	suivi du programme			
Briant	cours	conférence		
Doniphan	cours	conférence		
Cross	cours	conférence		
Baxter	cours	conférence	tenue du calendrier	journal de French-Den
Wilcox	cours	conférence	remonter les montres	
Webb	cours	conférence	relever les indications du baromètre et du thermomètre	

13 Établir un schéma récapitulatif (p. 143)

• ***exercice 1***

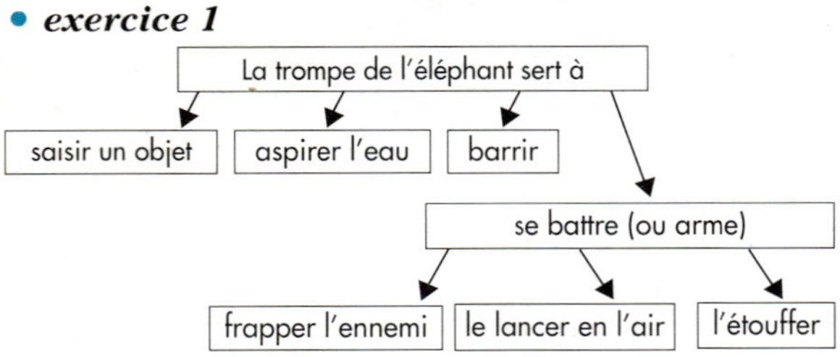

14 Établir une fiche récapitulative (p. 144)

• ***exercice 1***

Ce qui distingue l'homme du singe :
– Marche en se tenant droit
– Se sert de ses mains
– Pouces plus adroits et plus précis
– Dents plus petites et plantées différemment
– Muscles faciaux moins puissants
– Arcades sourcilières et mâchoires moins marquées
– Cerveau plus gros et plus complexe
– Vue, ouïe, odorat moins développés
– Peut raisonner
– Trouve la solution d'un problème
– Conserve la solution dans sa mémoire
– Parle

15 Établir un tableau récapitulatif (p. 145)

• ***exercice 1***

	Comment se nourrissent-ils ?	Comment est leur bec ?
Rapaces	Déchiquettent proies ou charognes	bec puissant et crochu
Aras	Mangent graines de grande taille et très dures	bec large à la base
Pics	Creusent les arbres à la recherche d'insectes ou de larves	long bec droit, tranchant à l'extrémité
Spatules et flamants	Raclent le fond des marécages	bec plat ou recourbé

• ***exercice 2***

Aspects positifs	Aspects négatifs
– ordinateurs plus performants	– difficultés économiques
– temps de travail diminue	– chômage
– congés annuels augmentent	– faillites
– temps de transport moins longs	– perte de temps

BILAN D'ARRIVÉE

Test 1 (p. 147)

1. a – 2. c – 3. b – 4. c – 5. b – 6. a – 7. b – 8. c – 9. a – 10. b.

Test 2 (p. 150)

1. Terre battue – gazon – bois – matière synthétique.
2. Ligne de front, lignes de couloir, ligne de service, ligne médiane.
3. Coup droit, revers, service, volée au filet, smash, lob, amorti.
4. Juge de chaise, juge de touche, juge de filet.
5. Composite.

Crédit iconographique
pp. 64, 68, 114 dessins de Sempé, *Le Petit Nicolas et les copains*, éd. Denoël – **86** © Jacques Ferrandez – **120** Fotogram-Stone/J. Edwards – **124-125** DR – **127 (g)** Fotogram Stone/J. Daniel, **(d)** Sipa Press/Chesnot – **128** Explorer/Carbonare M. – **133** A. Compost/Bios.

N° d'Éditeur : 10036468 - (II) - (28) - CABN - 80°
Imprimerie **Jean-Lamour**, 54320 Maxéville
Août 1996 - N° 96080057